# Sammlung Außerdeutscher Strafgesetzbücher
## in deutscher Übersetzung

Herausgegeben von

Professor Dr. Hans-Heinrich Jescheck,
Direktor des Instituts für ausländisches und internationales Strafrecht
an der Universität Freiburg i. Br.
und Professor Dr. Gerhard Kielwein, Saarbrücken

LXXVII.

# Die Ungarischen Strafgesetze
(A Hatályos Anyagi Büntetöjogi Szabályok Hivatalos Összeállitása)

Berlin 1960

Walter de Gruyter & Co.

vormals G. J. Göschen'sche Verlagshandlung · J. Guttentag, Verlagsbuchhandlung · Georg Reimer · Karl J. Trübner · Veit & Comp.

# Die Ungarischen Strafgesetze

## Amtliche Zusammenstellung der gültigen materiellen strafrechtlichen Vorschriften

In deutscher Übersetzung und mit einer Einleitung von

**Dr. Ladislaus Mezöfy**

Gedruckt mit Unterstützung der Gesellschaft für Rechtsvergleichung

Berlin 1960

Walter de Gruyter & Co.

vormals G. J. Göschen'sche Verlagshandlung · J. Guttentag, Verlagsbuchhandlung · Georg Reimer · Karl J. Trübner · Veit & Comp.

Archiv-Nr. 246360/77
Satz und Druck: Thormann & Goetsch, Berlin-Neukölln

# Inhaltsverzeichnis

## Abkürzungen

StGBA. II. Gesetz vom Jahre 1950 über den Allgemeinen Teil des Strafgesetzbuches

Gk. VO. Gesetzeskräftige Verordnung

G.-A. Gesetz-Artikel

## Berichtigungen

S. 29: Punkt 25 Abs. 1 Zeile 4
„mit schwererer Strafe"

S. 46: Überschrift des IV. Kapitels
„Kriegsverbrechen und volksfeindliche Strafhandlungen"

Überschrift vor Punkt 81
„Kriegsverbrechen und volksfeindliche Strafhandlungen"

S. 50: Punkt 92 muß ergänzt werden:
„setzt ist und zu der objektiven Schwere der Handlung und der subjektiven Schuld des Angeklagten allein die Todesstrafe im Verhältnis steht. Der § 53 StGBA kann nicht angewendet werden."

S. 93: Punkt 266 Abs. 1 Zeile 2
„— für die Anwendung des Punktes 265 b —"

# Einleitung

## I.

In der Erwartung eines richtungsweisenden Allunions-Strafgesetzbuches der Sowjetunion — dessen Vorarbeiten schon seit längerem im Gange sind — beschränkten sich die Strafgesetzgebungen der Volksdemokratien auch meistens nur auf Novellen und Sondergesetze. Dies trifft besonders bei der ungarischen Volksrepublik zu, in der seit langen Jahren schon die Neukodifikation des materiellen Strafrechts auf der Tagesordnung steht, jedoch nur einzelne strafrechtliche Teilgebiete (Schutz des Staates, des gesellschaftlichen Eigentums, Sondergesetze gegen Kriegsverbrecher, Wirtschaftsdelikte usw., und der Allgemeine Teil des Strafgesetzbuchs kodifiziert wurden.

Bis vor kurzem war nicht einmal zu übersehen, wann mit dem Erlaß des neuen ungarischen Strafgesetzbuchs zu rechnen ist. Die Lage hat sich mit dem Erscheinen der sowjetischen Strafgesetze grundlegend geändert. Die Vorarbeiten wurden beschleunigt und nach einem Sprecher des Justizministeriums[1]) wird der Entwurf zwecks öffentlicher Diskussion in Bälde veröffentlicht. Die Grundlinien des neuen einheitlichen ungarischen Strafgesetzbuchs werden sich weitgehend an das sowjetische StGB anlehnen. Dies trifft auch für Strafmaße, Strafarten, neue Straftaten usw. zu.[2]) Bis dahin gilt wiederum die vorliegende Zusammenstellung, zu deren Entstehung folgendes auszuführen ist:

Bei der Rechtsprechung wurde auch nach der kommunistischen Machtübernahme — also etwa vom Jahre 1948 an — das Vorkriegsstrafrecht angewendet, wie das ungarische Justizministerium feststellt: „Ein Teil der von uns im Laufe unseres Aufbaues angewendeten Rechtsvorschriften sind vorläufig im großen und ganzen in ihrer Form vor der Befreiung[3]) gültig."[4])

Das so übernommene alte Recht wurde aber immer stärker im marxistisch-kommunistischen Sinne ausgelegt. Gleichzeitig wurde das geltende Strafrecht teilweise auch in der Form verändert; Begriffe, Ausdrücke, sogar Strafmaße etc. wurden „zeitgemäßer" gestaltet und außerdem das Strafrecht im Wege einer Novellengesetzgebung ergänzt.

Aus in erster Linie praktischen Erwägungen heraus, mußten aber die gültigen Strafrechtsnormen — wenn auch provisorisch — einheitlich zusammengefaßt werden. In ihrer in verschiedenen Sammlungen und Amtsblättern auffindbaren, teils schon abgeänderten Form waren die Rechtsvorschriften auch für den darin bewanderten Juristen schwer übersehbar.

---

[1]) Dr. István Timár, Leiter der Gesetzesvorbereitungsabteilung des Justizministeriums, in einem Vortrag, gehalten in Kecskemét, anläßlich einer Juristentagung im Januar 1959.

[2]) Siehe oben.

[3]) Einmarsch der sowjetischen Truppen Anfang 1945.

[4]) Aus dem Vorwort der „Amtlichen Zusammenstellung der gültigen materiellen strafrechtlichen Normen", veröffentlicht durch das Justizministerium Budapest 1952.

So entschloß sich das ungarische Justizministerium unter Heranziehung von Rechtswissenschaftlern und praktizierenden Juristen zu einer amtlichen Zusammenstellung der gültigen strafrechtlichen Vorschriften. Diese Zusammenstellung wurde zuerst am 31. August 1952 abgeschlossen.[1]) Es sollte damit ein Handbuch für den allgemeinen Rechtsgebrauch, für die Gerichte, Staatsanwaltschaften und Ermittlungsorgane geschaffen werden.

Mit der fortschreitenden „Sozialisierung des Rechts" im Sinne der endgültigen Angleichung an die sowjetische Rechtswissenschaft wurde aber auch diese erste Zusammenstellung als überholt betrachtet und so kam es im Jahre 1957 zu einer Neubearbeitung, in die auch die inzwischen erfolgte „Raten"-Kodifikation eingebaut wurde. Diese zweite revidierte und ergänzte Ausgabe der amtlichen Zusammenstellung dient als Grundlage der vorliegenden Übersetzung. Das Material der zweiten Auflage wurde am 30. Juni 1957 abgeschlossen.

## II.

Zunächst ein kurzer Überblick über die ungarische Strafgesetzgebung:

### 1878—1945

Das Ausgangsjahr wurde deshalb gewählt, weil der ungarische Strafkodex dem Jahre 1878 entstammt. Dieser Kodex war mit verschiedenen Änderungen und Novellen bis zum Ende des zweiten Weltkrieges gültig und bildet auch noch heute die Grundlage des ungarischen materiellen Strafrechts.

Die wichtigsten Strafgesetze dieser Periode sind:

A. Drei Strafgesetze:

a) Das ungarische Strafgesetzbuch über Verbrechen und Vergehen. (V. G-A von 1878), der sogenannte Csemegi-Kodex, benannt nach seinem hervorragenden Schöpfer, Karl Csemegi, Justizstaatssekretär, dem hauptsächlich das sächsische Strafgesetzbuch von 1855, das bayerische StGB von 1861, das belgische StGB von 1867, das deutsche StGB von 1870 und der italienische und österreichische Strafgesetzentwurf als Vorbild dienten.

b) Das Strafgesetzbuch über die Übertretungen (XL. G-A vom Jahre 1879).

c) Das Militärstrafgesetzbuch (II. G-A vom Jahre 1930).

B. Strafgesetznovellen:

a) XXXVI. G-A vom Jahre 1908 über die Ergänzung und Abänderung der Strafgesetzbücher und der Strafprozeßordnung (Erste Strafgesetznovelle).

b) X. G-A vom Jahre 1928 (Zweite Strafgesetznovelle).

c) XXXIV. G-A vom Jahre 1930 über die Vereinfachung der Rechtspflege. Enthält auch Strafverfahrensvorschriften.

C. Nebengesetze über einzelne Spezialgebiete des Strafrechts (Ehrenschutz, Stromdiebstahl, unlauterer Wettbewerb, Steuerhinterziehung usw.).

Die wichtigsten dieser Nebengesetze sind:

XXI. G-A vom Jahre 1913 über die gemeingefährliche Arbeitsscheu;

---

[1]) Amtliche Zusammenstellung der gültigen materiellen strafrechtlichen Normen. — (A hatályos anyagi büntetőjogi szabályok hivatalos összeállítása.) Veröffentlicht durch das Justizministerium. — Budapest 1952.

XIX. G-A vom Jahre 1915 über Strafhandlungen gegen die Interessen der Kriegsführung;

III. G-A vom Jahre 1921 über den wirksameren Schutz der staatlichen und gesellschaftlichen Ordnung;

XV. G-A vom Jahre 1924 über Strafhandlungen, die mit explodierenden Stoffen und Sprengstoffen begangen wurden;

III. G-A vom Jahre 1930, Einführungsgesetz des Militärstrafgesetzbuchs, in dem unter dem Sammelbegriff „Hochverrat" die Tatbestände der Spionage und der Verletzung von Staatsgeheimnissen zusammengefaßt sind;

XVIII. G-A vom Jahre 1934 über die schwerere Bestrafung des Hochverrates;

II. G-A vom Jahre 1939 über die Landesverteidigung.

**1945—1957**

Das geltende Strafrecht wurde immer stärker dem Wandel der politischen Entwicklung unterworfen. Strafrechtliche Vorschriften wurden zuerst in beträchtlichem Umfang im Verordnungsweg und später durch sogenannte gesetzeskräftige Verordnungen erlassen.

Die Strafgesetze der früheren Periode bleiben vorerst in überwiegender Zahl noch in Geltung. So auch der III. G-A vom Jahre 1921, der als „Ausgeburt der Horthystischen-Konterrevolution und typisch volksfeindlichen Rechtsnorm"[1]) gebrandmarkt wurde. Dieses Gesetz wurde zunächst gemäß § 7 der Verordnung des Ministerrates von 1945 Nr. 529 ausdrücklich übernommen, später — mehrere Paragraphen wortwörtlich — in das VII. Gesetz von 1946 über den strafrechtlichen Schutz der demokratischen (später volksdemokratischen)[2]) Staatsordnung und der Republik (später Volksrepublik)[2]) „eingebaut".

Durch die Verordnung des Ministerrates von 1945 Nr. 81 wurde zur Aburteilung kriegs- und volksfeindlicher Straftaten[3]) die sogenannte *Volksgerichtsbarkeit* eingeführt.

Im Jahre 1948 wurde als Ergänzung des Strafgesetzbuchs (V. G-A vom Jahre 1878) die sogenannte *III. Strafgesetznovelle* geschaffen.[4]) Es enthält neben den Vorschriften über gemeingefährliche Geisteskranke neue Verbrechens-Tatbestände (unerlaubter Grenzübertritt, Straftaten, die im betäubten Zustand begangen wurden, Mißbrauch von Schußwaffen, Bestrafung von Rückfälligen usw.).

Durch das II. Gesetz vom Jahre 1950 wurde der Allgemeine Teil des Strafgesetzbuchs im Sinne einer „fortschrittlichen" Angleichung an die sowjetischen Grundsätze neugefaßt. Als Aufgabe der Strafgesetze wird der Schutz der Gesellschaft gegen gefährliche Handlungen bezeichnet.[5]) Hierzu sei bemerkt, daß der Vorkriegsstrafgesetzgebung am meisten die Zugehörigkeit zu der kriminalpolitischen Schule vorgeworfen wurde, deren „reaktionäre" Grundthese ist, daß „die Repressalie sich nicht gegen die Straftat, sondern gegen die gesellschaftsfeindliche Gesinnung des Ver-

---

1) Peter Barna, Ein Entwurf der Entwicklung der ungarischen Strafgesetzgebung seit der Befreiung. Budapest 1956, S. 8.

2) XX. Gesetz vom Jahre 1949.

3) Vgl. die Punkte 81—94 der Amtlichen Zusammenstellung der gültigen materiellen strafrechtlichen Normen.

4) XLVIII. Gesetz vom Jahre 1948.

5) § 1 (Abs. 1) StGBA.

brechers richten soll".[1]) In der volksdemokratischen Rechtsprechung muß jedoch die Strafe mit dem Maß der „gesellschaftsfeindlichen Haltung" des Verbrechers im Einklang stehen.

Die weitere Entwicklung der ungarischen Strafgesetzgebung wird durch den gesteigerten Schutz der *Planwirtschaft* und des *gesellschaftlichen Eigentums* charakterisiert (gk. VO Nr. 4 vom Jahre 1950 über die Sabotage und gk. VO Nr. 24 vom Jahre 1950 über den strafrechtlichen Schutz des gesellschaftlichen Eigentums).

Weitere wichtige volksdemokratische Strafvorschriften sind:

Gk. VO Nr. 21 vom Jahre 1951 über den strafrechtlichen Schutz des *Staats- und Amtsgeheimnisses.*

Gk. VO Nr. 34 vom Jahre 1951 über materiell-strafrechtliche und Strafverfahrens-Vorschriften für *Jugendliche.*

Gk. VO Nr. 3 und 16 vom Jahre 1954 über *Finanz- und Zollverbrechen.*

III.

Die **„Amtliche Zusammenstellung der gültigen materiellen strafrechtlichen Normen"** besteht aus zwei Titeln.

Der erste Titel enthält den *Allgemeinen Teil* in der Form des StGBA. Der zweite Titel enthält den *Besonderen Teil* der gültigen materiellen strafrechtlichen Vorschriften, in der Form des Strafgesetzbuchs und der späteren ergänzenden und abändernden strafrechtlichen Vorschriften. Es wurden nur die Verbrechen und einzelne Regelverletzungen aufgenommen. Grundlegend neu ist hingegen die Reihenfolge der Zusammenstellung. Diese Reihenfolge entspricht der Bedeutung der Strafhandlungen und der sogenannten sozialistischen Rechtsauffassung: „Das System der Sammlung bezeichnet auch den Weg der Entwicklung unseres Strafrechts".[2]) Das Justizministerium bemerkt in dem oben angeführten Vorwort abschließend: „Diese Zusammenstellung kann nur dann ihren Zweck erfüllen, wenn sie in der Hand derer, die dieses Recht anwenden, zur Waffe wird, die dem Beispiel der sowjetischen sozialistischen Juristen folgend ... unsere Strafgerichtsbarkeit dem Feinde gegenüber zum vernichtenden Arm, für den Werktätigen jedoch in ein Mittel der Erziehung zur Disziplin verwandelt ..."[3])

In der Ungarischen Gesetzgebung werden die vor dem Jahre 1945 verabschiedeten Gesetze — Gesetz-Artikel (Törvény-cikk) — benannt. Cikk = Articulus bezieht sich auf den verfassungsrechtlichen Vorgang, wonach die vom Parlament verabschiedeten Gesetze noch inartikuliert (becikkelyezni) werden müssen im Corpus Juris Hungaricum. Deshalb führen alle Gesetze vor 1945 die Bezeichnung Gesetz-Artikel. Dieser Vorgang der Inartikulierung wurde nach der Veränderung der Staatsform in eine Republik im Jahre 1945-46 abgeschafft und seitdem werden die Gesetze laufend jährlich (ohne die Bezeichnung: Artikel) numeriert.

Die mit Großbuchstaben versehenen Punkte der Zusammenstellung wurden bei der Neuauflage hinzugefügt. Die Bezeichnung „Punkt" — auch in der ungarischen Rechtsliteratur ungebräuchlich — wurde von den

---

[1]) Vgl. Barna a. a. O. S. 10.

[2]) Aus dem Vorwort der Ausgabe der Amtlichen Zusammenstellung von 1952 (Ungarische Fassung) S. 13.

[3]) Amtliche Zusammenstellung a. a. O. S. 14.

amtlichen Zusammenstellern zwecks besserer Übersicht und zur Unterscheidung der im StGBA verwendeten „Paragraphen“ gebraucht. Damit sollte auch das provisorische der vorliegenden Zusammenstellung betont und dessen Gebrauch durch Laien erleichtert werden.

Der Umstand, daß der Text der Rechtsvorschriften, die in diese Zusammenstellung — dem Originaltext entsprechend — aufgenommen wurden, oft veraltet, meistens schwerfällig ist, erklärt sich aus dem Zusammenstellungs-Charakter dieser Arbeit, der eine Abweichung vom Originaltext nicht erlaubte. Deswegen wird auch die Bezeichnung „Verüber“ statt „Täter“ nicht stets und immer folgerichtig angewendet, obwohl nach § 20 Abs. 4 StGBA „Verüber“ der Sammelbegriff für den Täter, den Anstifter und den Gehilfen ist.[1])

Aus der vorliegenden Übersetzung der Amtlichen Zusammenstellung wurden lediglich die gk. VO. Nr. 39 vom Jahre 1950 über das Inkrafttreten des StGBA, die gk. VO. Nr. 34 vom Jahre 1951 über die materiell-strafrechtlichen und Strafverfahrens-Vorschriften für Jugendliche und die Anhänge I-III (Strafhandlungen gegen die Arbeitsdisziplin, Devisenstraftaten, das Militärstrafgesetzbuch, Amnestieverordnungen usw.) weggelassen. Die Originalgesetze und Verordnungen wurden in Fußnoten zu den einzelnen Paragraphen, bzw. Punkten der Zusammenstellung angegeben. Wo nicht besonders vermerkt, gilt das Strafgesetzbuch (V. G-A vom Jahre 1878) als Quelle.

## IV.

Zum Abschluß einen kurzen Hinweis auf diejenigen Besonderheiten der geltenden ungarischen Strafvorschriften, die von der übrigen volksdemokratischen Strafgesetzgebung einigermaßen abweichen. Es wäre hier zunächst die verhältnismäßig große richterliche Freiheit bei der Zumessung, bzw. Milderung, der im Gesetz festgesetzten Strafen zu erwähnen. Die Strafe kann in bestimmten Fällen auch uneingeschränkt gemildert werden.[2])

Auffallend ist dagegen — auch im Vergleich mit der polnischen, tschechischen, rumänischen u. a. Strafgesetzgebung — die Weitschweifigkeit der einzelnen gesetzlichen Tatbestände, die erschöpfende und oft überflüssig erscheinende Taxation, die erkennen läßt, daß die Rechtsvorschriften in gesteigertem Maße für den Gebrauch von Laien und behelfsmäßig ausgebildeten Juristen bestimmt sind.

Der Umstand aber, daß die „alten“ — und in mancher Hinsicht „modernen“ — Rechtsvorschriften sich in einem verhältnismäßig hohen Anteil behaupten konnten und ihr Geist auch gewissermaßen in der neuen Strafgesetzgebung irgendwie spürbar ist, spricht für die Qualität ungarischer Rechtswissenschaftler, die — nach dem halb scherzhaften Spruch — „aus einer Nation voller Juristen“ stammen ...

Dr. Ladislaus Mezőfy

1) Vgl. auch Fußnote 1 zum StGBA.
2) Vgl. § 51 StGBA.

# ERSTER TITEL

## Allgemeine Vorschriften

### A.

### II. Gesetz vom Jahre 1950 über den Allgemeinen Teil des Strafgesetzbuchs.

Der neue Allgemeine Teil des Strafgesetzbuchs entspricht der wirtschaftlichen, sozialen und politischen Umwandlung, wie sie sich in unserem Lande nach der Befreiung vollzogen hat und faßt diejenigen strafrechtlichen Grundprinzipien in einem Gesetz zusammen, die den Interessen des Aufbaus des Sozialismus, dem Schutz des sozialistischen Eigentums dienen.

## ERSTER TEIL

## Über das Verbrechen

### I. KAPITEL

### Einleitende Bestimmungen

#### § 1

(1) Die Aufgabe der Strafgesetze ist es, gegenüber sozialgefährlichen Handlungen Schutz zu gewähren.

(2) Sozialgefährliche Handlung ist jedes Handeln oder Unterlassen, das die staatliche, soziale oder wirtschaftliche Ordnung der ungarischen Volksrepublik, die Person oder die Rechte der Staatsbürger verletzt oder gefährdet.

(3) Verbrechen ist jede sozialgefährliche Handlung für die das Gesetz die Verhängung einer Strafe vorsieht.

#### § 2

(1) Das Verbrechen ist nach dem zur Zeit seiner Begehung geltenden Gesetz zu beurteilen.

(2) Ist in der Zeit zwischen der Begehung und der Aburteilung eines Verbrechens ein neues Gesetz in Kraft getreten, so ist das neue Gesetz auch für die vor seinem Inkrafttreten begangene Handlung unter der Voraussetzung anzuwenden, daß:

a) nach dem neuen Gesetz die Handlung jetzt nicht mehr strafbar oder milder zu bestrafen ist als nach dem früheren Gesetz, oder
b) das neue Gesetz ausdrücklich bestimmt, daß es sich auch auf eine Handlung erstreckt, die vor seinem Inkrafttreten begangen worden ist.

#### § 3

(1) Auf Verbrechen, die im Inland durch einen ungarischen oder einen ausländischen Staatsbürger begangen worden sind, findet das ungarische Gesetz Anwendung, ebenso auch dann, wenn ein ungarischer Staatsbürger im Ausland Verbrechen begeht.

(2) Als im Inland begangen gilt jedes Verbrechen, das zwar außerhalb der Landesgrenzen der ungarischen Volksrepublik, jedoch auf einem ungarischen Kriegsschiff, einem ungarischen Militärflugzeug, einem ungarischen Handelsschiff auf hoher See oder auf einem ungarischen Zivilflugzeug während der Fahrt begangen wurde.

§ 4

Das ungarische Gesetz findet auch auf ein Verbrechen, das ein ausländischer Staatsbürger im Ausland begeht, Anwendung, wenn die Handlung

a) nicht nur nach ungarischem Gesetz, sondern auch nach dem Gesetz des Begehungsortes strafbar ist, oder
b) gegen ein grundsätzliches Interesse der demokratischen Staats- oder Wirtschaftsordnung der ungarischen Volksrepublik verstößt, ohne Rücksicht darauf, ob sie nach dem Gesetz des Begehungsortes strafbar ist oder nicht, in beiden Fällen vorausgesetzt, daß der Justizminister die Einleitung des Strafverfahrens anordnet.

§ 5

Die auf Grund des rechtskräftigen Urteils des ausländischen Gerichts verbüßte Strafe ist auf die vom ungarischen Gericht zu erkennende Strafe in Anrechnung zu bringen, gleichviel ob das Verbrechen im Inland oder im Ausland begangen wurde.

§ 6

Das Strafverfahren kann nur auf Antrag des Verletzten eingeleitet werden, wenn das im Ausland begangene Verbrechen entweder nach dem ungarischen Gesetz oder nach dem Gesetz des Begehungsortes nur auf Antrag des Verletzten verfolgt werden kann. Diese Bestimmung bezieht sich nicht auf Handlungen, die ohne Rücksicht auf die Strafbarkeit am Begehungsort nach ungarischem Gesetz zu bestrafen sind (§ 4 b).

§ 7

Für die strafrechtliche Verantwortlichkeit der Personen, die Exterritorialität oder persönliche Immunität genießen, sind internationale Verträge oder Vereinbarungen, in Ermangelung solcher, die internationale Übung maßgebend.

§ 8

(1) Ein Staatsbürger der ungarischen Volksrepublik darf einem fremden Staat nicht ausgeliefert werden, es sei denn, eine internationale Vereinbarung (Vertrag) verfüge anders.

(2) Die Auslieferung eines ausländischen Staatsbürgers findet auf Grund einer internationalen Vereinbarung (Vertrag) statt und, in Ermangelung einer solchen, bei Gegenseitigkeit. In der Frage der Gegenseitigkeit ist die Erklärung des Justizministers maßgebend.

(3) Die Auslieferung findet auch bei Gegenseitigkeit nicht statt, wenn

a) die Handlung, wegen der die Auslieferung verlangt wird, weder nach ungarischem Gesetz noch nach dem Gesetz des Staates, der die Auslieferung verlangt, ein Verbrechen ist;
b) die Auslieferung einer Person verlangt wird, die wegen ihres demokratischen Verhaltens oder ihrer im Interesse der Befreiung der Völker ausgeübten Tätigkeit verfolgt wird.

## II. KAPITEL

## Die Strafbarkeit

### § 9

Wer bei der Begehung eines Verbrechens das zwölfte Lebensjahr noch nicht vollendet hat, kann nicht bestraft werden.

### § 10

(1) Wer ein Verbrechen im Zustand der Geisteskrankheit oder in einer Bewußtseinsstörung begangen hat und deshalb unfähig war, die Sozialgefährlichkeit seines Handelns zu erkennen oder sich seinem Willen entsprechend zu verhalten, kann nicht bestraft werden.

(2) Wer das Verbrechen unter dem Einfluß von Zwang oder Drohung verübt hat, so daß er deshalb unfähig war, sich seinem Willen entsprechend zu verhalten, kann nicht bestraft werden.

(3) Wenn der Verüber[1]) wegen Geisteskrankheit, Bewußtseinsstörung, Zwang oder Drohung in der Erkenntnis der Sozialgefährlichkeit der Handlung oder in dem seinem Willen entsprechenden Verhalten nur eingeschränkt wurde, kann die Strafe uneingeschränkt gemildert werden (§ 52).

(4) Die vorstehenden Bestimmungen finden keine Anwendung auf denjenigen, der selbst seinen Zustand oder seine Lage herbeigeführt hat, um das Verbrechen zu begehen.

### § 11

Das durch Fahrlässigkeit begangene Verbrechen ist auch strafbar, es sei denn, das Gesetz sieht nur die Bestrafung der vorsätzlichen Begehung vor.

### § 12

(1) Vorsätzlich handelt, wer bei der Begehung der Tat die Folgen seines Verhaltens will oder sich mit diesen Folgen abfindet.

(2) Fahrlässig handelt, wer die Folgen seiner Tat unter Außerachtlassung der ihm zumutbaren Aufmerksamkeit, Umsicht oder Voraussicht herbeiführt.

### § 13

(1) Dem Verüber kann eine Tatsache nicht zugerechnet werden, über die er bei der Begehung des Verbrechens in Unkenntnis war (Irrtum).

(2) Wenn der Irrtum des Verübers dadurch verursacht wurde, daß er nicht mit der ihm zumutbaren Aufmerksamkeit oder Umsicht vorgegangen ist und die Handlung auch im Falle fahrlässiger Begehung strafbar ist, bleibt die Strafbarkeit der fahrlässigen Tat trotz des Irrtums bestehen.

### § 14

(1) Der Verüber kann nicht bestraft werden, wenn er die Handlung in der irrigen Annahme, sie sei nicht sozialgefährlich, vornimmt, und er zu dieser Annahme guten Grund hatte.

(2) Ist dagegen zu dieser Annahme kein guter Grund vorhanden, war sie aber durch einen Umstand verursacht, den man würdigen kann, kann die Strafe uneingeschränkt gemildert werden (§ 52).

---

[1]) Verüber ist der Sammelbegriff für den Täter, den Anstifter und den Gehilfen. Dieser Ausdruck wird aber nicht immer und folgerichtig angewendet, da in den früheren Gesetzen immer nur „Täter" angeführt wurde. Vgl. auch § 20 (4).

§ 15

(1) Ein rechtswidriger Angriff oder die Drohung mit einem rechtswidrigen oder unmittelbaren Angriff, — einerlei, ob er sich gegen die Gemeinschaft oder gegen die Person oder die Güter Einzelner richtet — kann von dem Angegriffenen oder von jeder anderen Person abgewehrt werden. Die zur Abwehr des Angriffs notwendige Handlung — Notwehr — ist nicht strafbar.

(2) Die Handlung ist auch dann nicht strafbar, wenn der Täter in Bestürzung oder entschuldbarer Aufregung über die Grenzen der Verteidigung hinausgegangen ist.

§ 16

(1) Im Notstand wird die Handlung begangen durch denjenigen, der dadurch entweder die grundlegenden Interessen der Gemeinschaft, Leben, Leib oder Güter seiner eigenen Person oder eines anderen aus einer unmittelbaren und auf andere Weise nicht zu beseitigenden Gefahr rettet.

(2) Die im Notstand begangene Handlung ist nicht strafbar, sofern die Gefahr nicht vom Täter selbst verschuldet wurde und der verursachte Schaden im Vergleich zum abgewendeten Schaden als der weniger erhebliche erscheint.

(3) Notstand liegt nicht vor, wenn der Täter beruflich verpflichtet war, die Gefahr auf sich zu nehmen.

§ 17

Der Versuch ist die Handlung, durch welche der Täter[1]) die Ausführung eines vorsätzlichen Verbrechens begonnen, aber nicht vollendet hat.

§ 18

(1) Der Versuch wird ebenso bestraft wie das vollendete Verbrechen.

(2) Im Falle des Versuches kann die Strafe uneingeschränkt gemildert werden (§ 52), und es kann sogar auf die Feststellung der Schuld und die Verhängung einer Strafe verzichtet werden, wenn der Täter:

a) die Begehung an einem untauglichen Gegenstand oder mit untauglichen und zugleich ungefährlichen Gegenständen versucht hat, oder

b) aus eigenem Antrieb von der Vollendung der Handlung zurückgetreten ist, oder nach der Vollendung den Eintritt des Erfolges aus eigenem Antrieb verhindert hat.

(3) Im Falle des Versuches kann die Strafe uneingeschränkt gemildert werden und sogar auf die Feststellung der Schuld und die Verhängung der Strafe auch dem Anstifter und dem Gehilfen gegenüber verzichtet werden, wenn sie aus eigenem Antrieb die Vollendung des Verbrechens oder den Eintritt der Folgen des Verbrechens verhindert haben. Von dieser Möglichkeit kann gegenüber dem Gehilfen auch dann Gebrauch gemacht werden, wenn diese Voraussetzungen nicht vorliegen, insofern die vorstehende Bestimmung über den Verzicht auf Verhängung einer Strafe oder ihre uneingeschränkte Milderung (Abs. 2) zugunsten des Täters angewendet wurde.

§ 19

(1) Wenn das Gesetz es besonders vorsieht, wird auch derjenige wegen einer Vorbereitungshandlung bestraft, der — mit dem auf die Begehung

---

[1]) Siehe Fußnote 1 (§ 10).

eines Verbrechens gerichteten Vorsatz — Handlungen ausführt, die nicht zum Tatbestand gehören, aber dessen Ausführung vorbereiten, so z. B. die zur Begehung des Verbrechens notwendigen oder die Begehung erleichternden Vorbedingungen sichert, die dazu notwendigen Mittel verschafft, bzw. sie zur Durchführung des Verbrechens geeignet macht, einen anderen zur Begehung auffordert, sich zur Begehung bereit erklärt oder infolge eines Anerbietens sich dazu bereit erklärt oder die gemeinsame Begehung verabredet.

(2) Die Bestrafung der Vorbereitungshandlung wird durch die besonderen Bestimmungen des Gesetzes festgesetzt.

(3) Im Falle der Vorbereitungshandlung kann die Strafe uneingeschränkt gemildert werden (§ 52), und es kann auch auf die Feststellung der Schuld und die Verhängung einer Strafe gegenüber demjenigen verzichtet werden:

a) durch dessen freiwilliges Zurücktreten oder freiwillige Abwendungs-Tätigkeit die Begehung des Verbrechens oder des Versuchs unterbleibt;

b) der zum Zwecke der Abwendung der Begehung seine frühere Aufforderung oder sein früheres Anerbieten widerruft, oder sein Unternehmen aufgibt oder sich bemüht hat, die anderen Teilnehmer zum Rücktritt von der Begehung zu bewegen, ohne Rücksicht darauf, ob die Begehung des Verbrechens oder des Versuchs infolge seiner oben erwähnten Tätigkeit unterblieben ist oder nicht;

c) der die Vorbereitungen den Behörden angezeigt hat.

## § 20

(1) Wer den im Gesetz bestimmten Tatbestand eines Verbrechens ganz oder teilweise verwirklicht, ist Täter.

(2) Wer einen anderen zur Begehung eines Verbrechens vorsätzlich bestimmt (Anstifter) ist mit der für die Handlung des Täters festgesetzten Strafe zu bestrafen.

(3) Wer einem anderen zur Begehung eines Verbrechens vorsätzlich Hilfe leistet (Gehilfe) ist mit der für die Handlung des Täters festgesetzten Strafe zu bestrafen.

(4) In der Anwendung des Gesetzes sind unter Verüber außer dem Täter auch der Anstifter und der Gehilfe zu verstehen.

## § 21

(1) Erfolgt die Verfolgung des Verbrechens nur auf Antrag, ist zur Stellung des Antrages der Verletzte berechtigt, ist dieser aber geschäftsunfähig oder beschränkt geschäftsfähig, sind auch seine Eltern, sein gesetzlicher Vertreter oder sein Betreuer zur Stellung des Antrags berechtigt.

(2) Wenn das Verbrechen durch den antragsberechtigten gesetzlichen Vertreter verübt wurde, steht dieses Recht an seiner Stelle der Vormundschaftsbehörde zu.

(3) Wenn der antragsberechtigte Verletzte vor Ablauf der zur Stellung des Antrags festgesetzten Frist stirbt, ohne daß er den Antrag gestellt hätte, sind alle seine Angehörigen (§ 29) innerhalb der noch offenstehenden Frist zur Stellung des Antrags berechtigt.

§ 22

(1) Der Antrag ist innerhalb eines Monats von dem Tage an zu stellen, an dem der Antragsberechtigte von der Person des Verübers Kenntnis erlangt hat.

(2) Die Rücknahme des Antrags ist nicht zulässig.

§ 23

Die Stellung des Antrags ist gegenüber allen Verübern gültig, auch dann, wenn er nicht gegen alle gestellt wurde.

§ 24

Die Strafbarkeit wird ausgeschlossen:

a) durch den Tod des Verübers

b) durch Verjährung

c) durch Begnadigung.

§ 25

Durch Verjährung wird die Strafverfolgung ausgeschlossen:

a) nach Ablauf von fünfzehn Jahren, wenn die Straftat mit dem Tode, mit lebenslänglicher oder mehr als zehnjähriger Kerkerstrafe bedroht ist;

b) bei anderen Verbrechen nach einer dem Höchstbetrage der festgesetzten Freiheitsstrafe entsprechenden Zeitdauer, wenigstens aber nach Ablauf von drei Jahren.

§ 26

Die Verjährung beginnt:

a) im Falle eines vollendeten Verbrechens an dem Tage, an welchem die den Tatbestand des Verbrechens verwirklichende Tätigkeit des Verübers beendet wurde, wenn aber der Erfolg nicht gleichzeitig, sondern später eingetreten ist, am Tage des Eintritts des Erfolges;

b) im Falle eines Versuchs oder einer Vorbereitungshandlung, mit dem letzten Tag der Tätigkeit des Verübers, die auf die Ausführung des Verbrechens gerichtet ist, bzw. als seine Vorbereitung zu erkennen ist;

c) im Falle eines Verbrechens, das ausschließlich durch Unterlassung einer Pflicht verwirklicht wird, an dem Tage, an welchem der Verüber seiner Pflicht noch ohne strafrechtliche Folgen hätte nachkommen können.

§ 27

(1) Jede Maßnahme gegen den Verüber wegen des Verbrechens seitens der zur Strafverfolgung befugten Behörde unterbricht die Verjährung. Am Tage der Unterbrechung beginnt die Verjährung von neuem zu laufen.

(2) Die Dauer der Aussetzung des Strafverfahrens zur Entscheidung einer Vorfrage wird nicht auf die Verjährungsfrist angerechnet.

§ 28

Sind mehrere an einer Tat beteiligt, kommen Strafmilderungs- oder Strafausschließungsgründe, die bei einem der Verüber vorliegen, für die Übrigen nicht in Betracht; der Umstand dagegen, der für einen der Verüber die Strafe erschwert, wirkt für einen anderen Verüber nur dann, wenn dieser bei der Begehung der Tat Kenntnis davon hatte.

§ 29

Als „Angehörige“ im Sinne des Strafgesetzes sind anzusehen: Verwandte in gerader Linie und deren Ehegatten, Adoptiv- und Pflegeeltern, Adoptiv- und Pflegekinder, Geschwister, Ehegatten und Verlobte, Verwandte der Ehegatten in gerader Linie und Geschwister der Ehegatten, sowie die Ehegatten der Geschwister.

## III. KAPITEL

## Strafen

§ 30

Strafen sind:

1. Todesstrafe,
2. Kerker,
3. Geldstrafe,
4. Einziehung und Vermögenseinziehung,
5. Aberkennung einzelner Rechte,
6. Untersagung der Berufsausübung,
7. Ausweisung.

§ 31

Die Todesstrafe und die Kerkerstrafe sind immer Hauptstrafen. Die anderen Strafen sind Nebenstrafen; in den vom Gesetz besonders vorgesehenen Fällen können sie für bestimmte Verbrechen als Hauptstrafen erkannt werden.

§ 32

(1) Die Kerkerstrafe ist eine lebenslange oder eine zeitige.

(2) Der Höchstbetrag der zeitigen Kerkerstrafe ist fünfzehn Jahre, ihr Mindestbetrag dreißig Tage.

§ 33

(1) Gegen einen Verüber, der Vermögen besitzt oder ein entsprechendes Einkommen oder Verdienst hat,

a) ist bei allen Vermögensdelikten auf Geldstrafe als Nebenstrafe zu erkennen, ferner auch, wenn das Verbrechen aus Gewinnsucht begangen wurde;

b) kann bei jedem Verbrechen auf Geldstrafe als Nebenstrafe erkannt werden, wenn anzunehmen ist, daß der Verüber dadurch von der Begehung neuer Verbrechen wirksam zurückgehalten wird.

(2) Auf Geldstrafe als Nebenstrafe kann bei Todesstrafe, lebenslanger oder fünfzehnjähriger bzw. höherer Kerkerstrafe nicht erkannt werden.

§ 34

Die Geldstrafe beträgt mindestens zehn Forint und höchstens fünfzigtausend Forint.

§ 35

Bei der Bemessung der Geldstrafe sind, neben den Umständen, die bei der Bemessung der Strafe maßgebend sind (§ 50), die wirtschaftlichen Verhältnisse des Verübers, ebenso der Gewinn, den er aus der Handlung gezogen hat oder zu ziehen beabsichtigte, besonders zu berücksichtigen.

§ 36

(1) An Stelle einer uneinbringlichen Geldstrafe tritt Kerkerstrafe, deren Dauer gleichzeitig mit der Bemessung der Geldstrafe zu bestimmen ist.

(2) Bei der Umwandlung der Geldstrafe ist der Betrag von zehn bis zweihundert Forint einem Tag gleichzuachten. Die Dauer der Einsatzkerkerstrafe beträge mindestens einen Tag und höchstens ein Jahr.

§ 37

(1) Der Einziehung unterliegen alle Gegenstände:

a) die zur Begehung eines Verbrechens gebraucht wurden oder dazu bestimmt waren, sofern sie dem Verüber gehören oder auch wenn sie geeignet sind, die öffentliche Sicherheit oder die öffentliche Ordnung zu gefährden;

b) die durch die Begehung des Verbrechens hervorgebracht wurden;

c) die der Verüber vom Eigentümer selbst oder mit dessen Zustimmung von einem Dritten für die Begehung erhalten hat.

(2) Presseerzeugnisse, in denen ein Verbrechen verwirklicht wurde, sind ebenfalls einzuziehen.

(3) In den vom Gesetz besonders vorgesehenen Fällen fällt auch der Gegenstand unter die Einziehung, in bezug auf den das Verbrechen begangen wurde, vorausgesetzt, daß der Gegenstand Eigentum des Verübers ist, oder daß der Eigentümer von der Begehung der Straftat vorher Kenntnis gehabt hat oder unter den obwaltenden Umständen vorher hätte haben müssen.

(4) Wenn die Voraussetzungen der Einziehung vorliegen, kann sie auch dann angeordnet werden, wenn der Verüber nicht bestraft werden kann.

(5) Das Eigentum des eingezogenen Gegenstandes verfällt nach der Rechtskraft des Beschlusses über die Einziehung dem Staat.

§ 38

(1) Vermögenseinziehung findet in den Fällen statt, in denen das Gesetz sie besonders vorsieht.

(2) Vermögenseinziehung kann entweder auf das gesamte Vermögen des Verübers oder auf einen bestimmten Teil oder Anteil bzw. auf bestimmte einzelne Vermögensgegenstände erkannt werden.

(3) Die Vermögenseinziehung kann auch auf diejenigen Vermögensgegenstände ausgedehnt werden, die der Verüber zum Zwecke der Irreführung der Behörden an andere übertragen hat, vorausgesetzt, daß dem Erwerber der Zweck der Übertragung bekannt sein mußte, ebenso auch auf solche Vermögensgegenstände, die der Verüber nach Begehung des Verbrechens an Dritte ohne Entgelt übertragen hat.

§ 39[1])

(1) Auf die Aberkennung einzelner Rechte ist dann zu erkennen, wenn der Verüber unter Berücksichtigung aller Umstände zur Ausübung seiner Rechte unwürdig ist.

(2) Übersteigt die Kerkerstrafe ein Jahr, so ist das Gericht verpflichtet, die Aberkennung einzelner Rechte in jedem Falle besonders zu erwägen.

---

1) § 2 der gk. VO Nr. 19 vom Jahre 1954.

### § 40[1])

(1) Wenn die Aberkennung einzelner Rechte auszusprechen ist, kann das Gericht dem Verüber die Ausübung aller in den Abs. 2 und 3 aufgezählten Rechte, oder auch nur einzelne davon, aberkennen.

(2) Derjenige, dem die Ausübung einzelner Rechte, von der Rechtskraft des Urteils an bis zum Ablauf der festgesetzten Zeitdauer, gemäß Gerichtsbeschluß aberkannt wurden:

a) kann bei den Parlaments- und den örtlichen Ratswahlen, ferner in den durch Gesetz gebildeten Körperschaften kein Wahlrecht ausüben; er kann nicht zum Mitglied des Parlaments- oder Ortsrates oder zu Ämtern einer durch Gesetz gebildeten Körperschaft, bzw. einer sozialen Organisation oder eines Vereins gewählt werden, noch kann er eine solche Körperschaft, Organisation oder einen solchen Verein vertreten;
b) kann nicht zu öffentlichen Ämtern, ferner zu auf Grund einer behördlichen Ernennung oder Bestätigung bekleideten anderen Ämtern oder Diensten — nicht inbegriffen Ärzte (Tierärzte) ohne behördliche Befugnisse — verwendet werden und kann im allgemeinen mit öffentlichen Aufgaben nicht betraut werden;
c) kann keine Rechtsanwalts- oder Patentanwaltspraxis ausüben, noch als Militärverteidiger auftreten;
d) kann keine inländische Ehrenzeichen erhalten noch die Erlaubnis zur Annahme ausländischer Ehrenzeichen erlangen.

(3) Das Gericht kann auch auf die Aberkennung der Ausübung der mit der elterlichen Gewalt verbundenen Rechte erkennen, vorausgesetzt, daß das Verbrechen in Zusammenhang mit der elterlichen Gewalt begangen wurde.

(4) Derjenige, dem die Ausübung einzelner Rechte aberkannt wurde, verliert mit der Rechtskraft des Urteils, hinsichtlich der Rechte, deren Ausübung ihm das Gericht untersagt hat:

a) seine schon bestehenden Mitgliedschaften, Ämter, Dienste oder Aufgaben,
b) seine inländischen Ehrenzeichen und die Berechtigung, seine ausländischen Ehrenzeichen zu tragen.

### § 40 a[2])

(1) Falls das Gericht die Aberkennung einzelner Rechte ausspricht, können dem Verurteilten gleichzeitig die auf das entzogene Amt, den Dienst oder die Aufgabe entfallenden Pensionsbezüge und andere Ansprüche, die ihm auf Grund einer solchen Tätigkeit gebühren, ganz oder teilweise aberkannt (entzogen) werden.

(2) Das Gericht kann nur dann ganz oder teilweise auf die Aberkennung der nach den entsprechenden Sozialversicherungs-Vorschriften zustehenden Rentenansprüche oder anderen Pensionsbezüge erkennen, wenn der Verüber wegen eines Verbrechens zu wenigstens fünf Jahren Kerkerstrafe verurteilt wurde, bei welchem laut Gesetz auch Vermögenseinziehung statthaft ist.

(3) Auf die Einziehung der Unfallrente kann auch im Falle des Abs. 2 nicht erkannt werden.

---

[1]) § 3 der gk. VO Nr. 19 vom Jahre 1954.

[2]) § 3 der gk. VO Nr. 19 vom Jahre 1954.

## § 41[1])

(1) Die Aberkennung einzelner Rechte kann auf die Dauer von einem bis zu zehn Jahren erfolgen.

(2) Die Dauer der Aberkennung einzelner Rechte wird von dem Tage ab berechnet, an dem die Hauptstrafe vollständig verbüßt oder ihre Vollstreckung ausgeschlossen ist. Wenn bei Strafaussetzung zur Bewährung der Verurteilte sich bewährt hat, so wird die Dauer der Aberkennung von dem Tage der Strafaussetzung an berechnet.

## § 42[2])

Alle Rechte des Verurteilten, deren Ausübung ihm gemäß § 40 Abs. 2 aberkannt werden, ruhen während der Vollstreckung der Kerkerstrafe.

## § 43

(1) Die Ausübung des Berufes kann demjenigen untersagt werden, der:

a) durch die Verletzung der Pflichten seines Berufes, der eine besondere Fachbildung erfordert, oder wegen Unerfahrenheit in demselben, ein Verbrechen begeht;

b) das Verbrechen unter Mißbrauch seines Berufes vorsätzlich begeht.

(2) Die Ausübung des Berufes ist in den obengenannten Fällen immer zu untersagen, wenn eine Kerkerstrafe von mehr als einem Jahr verhängt ist oder die weitere Ausübung des Berufes sozialgefährlich erscheint.

## § 44

(1) Die Berufsausübung kann für immer oder auf die Dauer von einem bis zu zehn Jahren untersagt werden; bei zeitiger Untersagung kann für die neuerliche Ausübung eines Fachberufes nach Ablauf der Frist der Nachweis des Erwerbs der nötigen Fachkenntnisse auferlegt werden.

(2) Für die Berechnung der Dauer der Untersagung der Berufsausübung gelten die Vorschriften über die Aberkennung einzelner Rechte (§ 41 Abs. 2) entsprechend.

## § 45

(1) In den Fällen, in denen das Gesetz es besonders vorsieht, kann der Verüber — ohne Rücksicht auf seinen bisherigen Wohnort —, aus einer oder mehreren Gemeinden (Städte) oder aus bestimmten Teilen des Landes mit der Wirkung ausgewiesen werden, das er sich dort auch nicht vorübergehend aufhalten darf.

(2) Die Ausweisung kann auf die Dauer von sechs Monaten bis zu fünf Jahren bemessen werden; für die Berechnung der Dauer gelten die Vorschriften über die Aberkennung einzelner Rechte (§ 41 Abs. 2) entsprechend.

## § 46

(1) Ist der Verüber ausländischer Staatsbürger und ist seine Entfernung aus dem Lande in Anbetracht aller Umstände des Falles wünschenswert, so wird er aus dem Staatsgebiet der ungarischen Volksrepublik ausgewiesen.

(2) Die Ausweisung kann für immer oder für die Zeitdauer von drei bis zu zehn Jahren ausgesprochen werden; auf diese Zeitdauer wird nur die

---

[1]) § 4 der gk. VO Nr. 19 vom Jahre 1954.
[2]) § 5 der gk. VO Nr. 19 vom Jahre 1954.

Zeit angerechnet, die der Verurteilte nach der Verbüßung der selbständigen Strafe, oder nach dem Ausschluß der Vollstreckung, im Auslande verbracht hat.

(3) Der Ausgewiesene kann sich auf dem Staatsgebiet der ungarischen Volksrepublik auch nicht vorübergehend aufhalten.

§ 47

(1) Neben der Todesstrafe ist weder die Aberkennung einzelner Rechte oder die Untersagung der Berufsausübung, noch eine Ausweisung statthaft.

(2) Wird die Todesstrafe durch Begnadigung umgewandelt, so ist nachträglich auch über die Verhängung der Nebenstrafen zu verfügen, die gleichzeitig mit der Umwandlung der Todesstrafe in eine andere Hauptstrafe auszusprechen sind.

## IV. KAPITEL

### Besserungs-Erziehungs-Arbeit

§ 48

(1) Das Gericht kann den Verüber an Stelle von Kerkerstrafe zur Verrichtung einer bestimmten Arbeit auf die Dauer von einem Monat bis zu zwei Jahren verpflichten, wenn in Anbetracht der sozialen Lage des Verübers, der Beweggründe des Verbrechens und allgemein in Anbetracht der Umstände des Falles, anzunehmen ist, daß der Zweck der Bestrafung auch ohne Freiheitsentzug zu erreichen ist.

(2) Der zur Arbeit Verpflichtete hat die ihm zugemessene Arbeit an dem für ihn bestimmten Arbeitsplatz zu verrichten. Seine persönliche Freiheit wird nur insofern eingeschränkt, als dies zur Sicherung der Verrichtung der Arbeit notwendig ist.

(3) Der zur Arbeit Verpflichtete erhält für seine Arbeit einen verminderten Arbeitslohn. Der Grad der Verminderung wird durch das Gericht bestimmt; die Verminderung kann nicht weniger als ein Zehntel, und nicht mehr als ein Viertel des ihm sonst zustehenden Arbeitslohnes betragen. Durch die Verminderung werden die Familienzuschläge des zur Arbeit Verpflichteten nicht berührt.

(4) Kommt der zur Arbeit Verpflichtete seiner Arbeitspflicht unentschuldigt nicht nach, oder verletzt er schwer die Arbeitsdisziplin, so ist eine Kerkerstrafe von der Dauer der noch ausstehenden Besserungs-Erziehungsarbeit zu vollstrecken.

(5) Die Anwendung einer Besserungs-Erziehungsarbeit ist nicht statthaft, wenn das Gesetz für das Verbrechen eine Kerkerstrafe von mehr als fünf Jahren androht.

### Sicherungsverwahrung

§ 49

(1) Hat der Verüber des Verbrechens das achtzehnte Lebensjahr vollendet, wird Sicherungsverwahrung angeordnet, wenn er wegen Geisteskrankheit nicht strafbar ist, aber wegen seines Geisteszustandes Grund zur Annahme besteht, daß er neue Verbrechen begehen wird (gemeingefährlicher Zustand).

(2) Die Dauer der Sicherungsverwahrung beträgt ein Jahr. Diese Zeitdauer beginnt mit dem Tage der Rechtskraft des richterlichen Beschlusses über die Einweisung in Sicherungsverwahrung und kann weder auf Grund der in vorläufiger Festnahme verbrachten Zeit, noch aus einem anderen Grund verkürzt werden.

(3) Die einjährige Dauer der Sicherungsverwahrung kann um jeweils ein Jahr solange verlängert werden, als die Gemeingefährlichkeit des in Sicherungsverwahrung Untergebrachten besteht.

(4) Die Sicherungsverwahrung ist aufzuheben, wenn die Gemeingefährlichkeit der in Sicherungsverwahrung befindlichen Person nicht mehr besteht.

(5) Im Falle von Verjährung oder Begnadigung kann Sicherungsverwahrung nicht angeordnet werden.

## V. KAPITEL

## Die Bemessung der Strafe

### § 50

(1) Die Bestrafung ist im Interesse des Schutzes des arbeitenden Volkes, zur Besserung und Umerziehung des Verübers, ferner allgemein zur Vorbeugung gegen die Begehung von Verbrechen durch Glieder der Gesellschaft, anzuwenden.

(2) Die Strafe ist — den allgemeinen Zweck vor Augen haltend — in strenger Übereinstimmung mit dem Gesetz, in dem Maße zu bemessen, das sich nach der Sozialgefährlichkeit des Verbrechens und nach der Gefahr, die infolge der Persönlichkeit des Verübers die Gemeinschaft bedroht, richtet und der Schuld des Verübers, sowie den zu Lasten, bzw. zugunsten des Verübers sonstwie zu berücksichtigenden Umständen (die Strafe erschwerenden und mildernden Umstände) und auch dem verursachten Schaden entspricht.

### § 51

(1) Die im Gesetz festgesetzte Strafe kann gemildert werden, wenn sie, bzw. ihr Mindestbetrag — in Anbetracht des Zwecks der Strafe und den, bei der Bemessung maßgeblichen erschwerenden und mildernden Umständen — unverhältnismäßig schwer wäre.

(2) Auf Grund obiger Bestimmung kann:

a) wenn die im Gesetz vorgesehene Strafe Todesstrafe ist, statt dieser lebenslang oder von zehn bis zu fünfzehn Jahren auf Kerkerstrafe erkannt werden;

b) wenn die im Gesetz vorgesehene Strafe lebenslange Kerkerstrafe ist, statt dieser auf Kerkerstrafe von fünf bis zu fünfzehn Jahren erkannt werden;

c) wenn der im Gesetz vorgesehene Mindestbetrag der Kerkerstrafe fünf Jahre oder mehr beträgt, statt dieser auf eine Kerkerstrafe von weniger als fünf Jahren, aber mindestens auf ein Jahr erkannt werden;

d) wenn der im Gesetz vorgeschriebene Mindestbetrag der Kerkerstrafe sechs Monate oder auch länger, aber weniger als fünf Jahre beträgt, statt dieser auf eine Kerkerstrafe von weniger als sechs Monaten, aber von mindestens drei Monaten erkannt werden;

e) außer den oben angeführten Fällen statt Kerkerstrafe auf Geldstrafe erkannt werden.

(3) Das Gericht kann, wenn dies durch außerordentliche Unstände begründet ist, die im Gesetz vorgesehene Strafe ausnahmsweise auch so mildern, daß es in den Fällen des Abs. 2 c) bzw. d) die Strafe nach den in d) bzw. e) enthaltenen Schranken zumißt.

§ 52

In den Fällen, in welchen dieses Gesetz eine uneingeschränkte Milderung zuläßt, kann, ohne Rücksicht auf die im Gesetz bestimmte Hauptstrafe, entweder auf Kerker oder auf Geldstrafe erkannt werden; in solchen Fällen kann auch der Mindestbetrag der Kerker-, bzw. Geldstrafe (§§ 32, 34) zur Anwendung kommen.

§ 53

Falls besondere Gesetze nichts anderes vorsehen, ist die Strafe eines sonst mit dem Tode bedrohten Verbrechens lebenslanger Kerker, wenn es durch eine Person begangen wird, die das achtzehnte Lebensjahr schon überschritten, das zwanzigste Lebensjahr jedoch noch nicht vollendet hat.

§ 54

(1) Auf die Kerkerstrafe ist die Dauer der vorherigen Festnahme in ganzer Höhe anzurechnen.

(2) Mit der vorherigen Festnahme erklärt das Gericht auch die Geldstrafe bis zu einem entsprechenden Betrag als abgebüßt.

(3) Die vorstehenden Bestimmungen sind nicht anzuwenden, wenn der Verüber die vorherige Festnahme insofern selbst verschuldet hat, als er zum Zwecke der Verzögerung des Strafverfahrens eine Irreführung der Behörde anstrebte.

§ 55

(1) Das Gericht kann die Vollstreckung einer Kerker- oder Geldstrafe mit dreijähriger Bewährungsfrist bedingt aussetzen, wenn es hierdurch eine günstige Wirkung auf die Lebensführung des Verübers erhofft, und der Verüber sich auch sonst dieser Begünstigung würdig erweist.

(2) Wird der Verüber wegen eines Verbrechens, das er während der Bewährungsfrist begangen hat, zu Kerkerstrafe verurteilt, ordnet das Gericht die Vollstreckung der ausgesetzten Strafe an. Andernfalls wird der Verüber von den strafrechtlichen Folgen seiner Tat endgültig befreit.

(3) Strafaussetzung zur Bewährung darf nicht angeordnet werden, wenn:

a) die verhängte Kerkerstrafe mehr als ein Jahr beträgt,
b) gegen den Verüber auf Aberkennung einzelner Rechte oder die Untersagung der Berufsausübung erkannt wird,
c) dem Verüber während der letzten fünf Jahre vor der Begehung des Verbrechens die Begünstigung der Strafaussetzung zur Bewährung bereits zuteil wurde oder endlich
d) der Verüber während der letzten fünf Jahre vor Begehung des Verbrechens zu Kerkerstrafe verurteilt worden ist.

(4) Wird während der Bewährungsfrist festgestellt, daß die Strafaussetzung wegen der in Abs. 3 unter c) oder d) bestimmten ausschließenden

Gründe nicht hätte stattfinden sollen, setzt das Gericht die Anordnung des Urteils, die sich auf die Aussetzung der Strafe bezieht, außer Kraft.

(5) Wird der Verüber wegen eines während der Bewährungsfrist begangenen Verbrechens zu Kerkerstrafe verurteilt, bevor das Urteil, das die Aussetzung der Kerkerstrafe anordnet, in Rechtskraft erwachsen ist, so setzt das Gericht, das das letzte Urteil erlassen hat, die Anordnung des früheren Urteils, die sich auf die Aussetzung der Strafe bezieht, außer Kraft; in diesem Falle kann das Gericht, — wenn die Voraussetzungen im übrigen vorliegen — auch die Aussetzung der Gesamtstrafe aussprechen.

§ 56

Erweist sich das begangene Verbrechen, — im Hinblick auf alle Umstände des Falles — als so unbedeutend, daß auch die nach dem Gesetz anwendbare mildeste Strafe sich erübrigt, oder stellt sich die Handlung oder ihr Verüber bei der Beurteilung des Verbrechens schon nicht als sozialgefählich dar, so ist der Schuldspruch und die Bemessung der Strafe zu unterlassen.

§ 57

(1) Wenn eine oder mehrere Handlungen desselben Verübers mehrere Verbrechen verwirklichen (Zusammentreffen mehrerer strafbarer Handlungen), ist für alle Verbrechen insgesamt auf eine Strafe (Gesamtstrafe) zu erkennen.

(2) Die Gesamtstrafe ist in der Strafart zu erkennen, die für die schwerste Handlung angedroht ist, wenn dagegen das Gesetz für alle Verbrechen die gleiche Strafart androht, so ist unter den angedrohten Strafen die schwerste anzuwenden. Besteht diese in einer zeitigen Kerkerstrafe, so kann deren längste Dauer um die Hälfte — höchstens bis zu zwanzig Jahren — erhöht werden, aber sie darf den Betrag der für die einzelnen Handlungen verwirkten Einzelstrafen nicht erreichen.

§ 58

Beim Zusammentreffen mehrerer strafbarer Handlungen ist die Anwendung von Nebenstrafen statthaft, wenn dies durch das Gesetz auch nur wegen einer der Handlungen vorgeschrieben oder zugelassen ist. Sind nach dem Gesetz bei mehreren Handlungen die gleichen Nebenstrafen verwirkt, kann nur auf eine, und zwar auf die mit der schwersten Strafe verwirkte Nebenstrafe erkannt werden. Diese Beschränkung bezieht sich nicht auf die Einziehung.

§ 59

(1) Wenn der Verüber durch verschiedene rechtskräftige, aber noch nicht vollstreckte Urteile, zu mehreren zeitigen Kerkerstrafen verurteilt wurde, ist für die Kerkerstrafe nachträglich auf eine Gesamtstrafe zu erkennen.

(2) Die Gesamtstrafe ist unter Berücksichtigung der Dauer der durch die rechtskräftigen Urteile verwirkten Strafen zu bemessen. Das Maß der Gesamtstrafe darf den Betrag der rechtskräftig verwirkten Strafen nicht erreichen und kann weder zwanzig Jahre, noch das Eineinhalbfache der für die schwerste Handlung im Gesetz angedrohten Strafe übersteigen; diese letzte Beschränkung bezieht sich nur auf den Fall, in dem der Verüber alle Handlungen bereits begangen hat, bevor er für eine davon rechtskräftig verurteilt wurde.

(3) Die Nebenstrafen sind auch bei nachträglicher Gesamtstrafenbildung unter entsprechender Anwendung der Vorschriften des § 58 zu verhängen.

### § 60

(1) Bei der Verhängung von lebenslanger Kerkerstrafe kann eine vorher durch rechtskräftiges Urteil erkannte zeitige Kerkerstrafe nicht vollstreckt werden. Dasselbe gilt auch für den Fall, daß der zu lebenslanger Kerkerstrafe Verurteilte wegen eines vor Strafantritt begangenen Verbrechens später zu Kerkerstrafe verurteilt wird. In diesen Fällen kann die nachträgliche Gesamtstrafenbildung nicht stattfinden.

(2) Wenn in verschiedenen rechtskräftigen Urteilen, — die Einziehung und Vermögenseinziehungen nicht inbegriffen — auf gleiche Nebenstrafen erkannt wurde, können die Nebenstrafen von kürzerer Dauer nicht vollstreckt werden.

### § 61

(1) Bei Geldstrafe kann mit einer anderen Strafart zusammen nicht auf eine Gesamtstrafe erkannt werden.

(2) Geldstrafen sind — ohne Rücksicht auf ihre Verhängung als Haupt- oder Nebenstrafen — in einem Betrag als Gesamtstrafe zu bemessen, dieser Betrag kann aber ebenfalls das gesetzliche Höchstmaß (§ 34) der Geldstrafen nicht übersteigen.

(3) Bei durch verschiedene Urteile verhängten Geldstrafen kann nicht auf eine Gesamtstrafe erkannt werden.

(4) Bei Freiheitsstrafen, die an Stelle der durch verschiedene Urteile verhängten, uneinbringlichen Geldstrafen treten, ist auf eine Gesamtstrafe zu erkennen. Die Gesamtstrafe ist auch in einem solchen Falle bei verhältnismäßiger Berücksichtigung der Dauer der durch rechtskräftige Urteile verhängten Strafen zu bemessen. Die Gesamtstrafe kann den Betrag der Ersatzfreiheitsstrafen nicht erreichen und ein Jahr und sechs Monate nicht übersteigen.

### § 62

(1) Wenn der zu lebenslangem Kerker Verurteilte während der Verbüßung seiner Strafe ein neues Verbrechen begeht, und Todesstrafe nicht verhängt wird, ist er disziplinarisch zu bestrafen; außerdem kann das Gericht den im Gesetz vorgesehenen frühesten Zeitpunkt der bedingten Entlassung um höchstens fünf Jahre aufschieben.

(2) Die Bestimmungen des vorigen Absatzes sind auch in dem Falle entsprechend anzuwenden, daß der durch Gesamtstrafe zu zwanzigjährigem Kerker Verurteilte während der Verbüßung der Strafe ein neues Verbrechen begeht, und keine Todesstrafe oder lebenslanger Kerker verhängt wird.

## VI. KAPITEL

## Befreiung von den an das bestrafte Vorleben sich anschließenden Nachteilen (Rehabilitation)

### § 63

(1) Der Verurteilte kann befreit werden:

a) von den im Strafurteil verhängten Strafen: von der Wirkung der Aberkennung einzelner Rechte, der Untersagung der Berufsausübung und der Ausweisung;

b) von den erschwerenden oder eine Vergünstigung ausschließenden Folgen, die das Strafgesetz mit der wiederholten Begehung des Verbrechens verknüpft;

c) von den nachteiligen Folgen — mit Ausnahme der zivilrechtlichen —, die durch andere Rechtsnormen mit dem Strafurteil, Strafmandat, bzw. mit der Verbüßung der Strafe verknüpft sind; die Bewilligung der verlorenen Rentenversorgung liegt auch im Falle einer Befreiung im Ermessen der zuständigen Behörde.

(2) Die Befreiung kann nur einheitlich erfolgen; dementsprechend kann der Verurteilte nicht von einzelnen, in Abs. 1 bestimmten Folgen befreit werden, mit anderen dagegen weiterhin belastet bleiben.

### § 64

(1) Die befreite Person gilt in dem Bereich, auf welchen sich die Befreiung bezieht, als unbestraft, d. h. sie ist als nicht verurteilt zu betrachten, bzw. so, wie wenn die Strafe nicht vollstreckt wurde.

(2) Niemand ist vor Gericht oder vor anderen Behörden verpflichtet, über eine Verurteilung oder über die Verbüßung einer Strafe, hinsichtlich deren eine Befreiung erfolgt ist, Rechenschaft zu geben. Eine solche Verurteilung, bzw. Strafe, darf in einem für die befreite Person ausgestellten Zeugnis weder erscheinen noch erwähnt werden.

### § 65

Der Verurteilte kann befreit werden:

a) kraft Gesetzes,

b) auf Grund eines richterlichen Beschlusses,

c) durch Begnadigung.

### § 66

(1) Wurde das Strafurteil wegen einer Strafhandlung gefällt, die von einem Jugendlichen begangen wurde, tritt die Wirkung der Befreiung kraft Gesetzes schon mit der Rechtskraft des Strafurteils ein, sofern nicht das Gericht auf eine Freiheitsstrafe von mehr als einem Jahr erkannt hat.

(2) Die Wirkung der Befreiung tritt auch dann kraft Gesetzes ein, wenn das Gericht die Vollstreckung der Strafe bedingt ausgesetzt und der Verurteilte sich bewährt hat.

### § 67

(1) Das Gericht kann den Verüber schon im Strafurteil (Strafmandat) befreien, wenn als Hauptstrafe nur auf Geldstrafe erkannt wurde oder die Vollstreckung der unter sechs Monaten bemessenen Kerkerstrafe bedingt ausgesetzt wurde, vorausgesetzt in beiden Fällen, daß der Verüber sich in geringem Maße sozialgefährlich zeigt und es wahrscheinlich erscheint, daß er in Zukunft keine Verbrechen begehen wird.

(2) Der Verüber kann auf Grund dieses Paragraphen nicht befreit werden, wenn auf Aberkennung einzelner Rechte oder Untersagung der Berufsausübung oder auch auf Ausweisung erkannt wurde.

### § 68

(1) Das Gericht befreit den Verüber nachträglich — auf seinen Antrag — wenn

a) von dem Tage an, an welchem der Verurteilte die als Hauptstrafe verhängte oder eine Geldstrafe ersetzende Freiheitsstrafe verbüßt hat, die Geldstrafe entrichtet hat, bzw. von dem Tage an, an dem die Vollstrekkung der Hauptstrafe durch Begnadigung oder Verjährung ausgeschlossen wurde, bei einer Kerkerstrafe, die ein Jahr nicht übersteigt oder bei einer Geldstrafe fünf Jahre, bei einer Kerkerstrafe von über einem Jahr zehn Jahre, schon verstrichen sind, und
b) der Verüber sich der Begünstigung der Befreiung würdig zeigt.

(2) Bei Beurteilung der Würdigkeit ist die soziale Lage, die Persönlichkeit des Verübers und seine Lebensweise seit der Verurteilung zu berücksichtigen; es ist ferner zu erwägen, ob der Verüber — falls dazu die Möglichkeit bestanden hat — nach der Wiedergutmachung des durch seine Strafhandlung verursachten Schadens getrachtet hat und ob die Vergünstigung nicht sozialgefährlich erscheint.

(3) Die Befreiung wird von der Lebensführung des Verübers während der ihm vom Gericht auferlegten Frist abhängig gemacht, wenn bei der Antragsstellung die vorgesehene Zeit zwar schon abgelaufen ist, aber die Würdigkeit für die Vergünstigung noch nicht einwandfrei beurteilt werden kann.

(4) Der Verurteilte kann im Falle einer als Jugendlicher begangenen Strafhandlung, für die das Gericht eine Kerkerstrafe von mehr als einem Jahr verhängt hat, nach deren Verbüßung, bzw. nach der bedingten Entlassung, sofort seine Befreiung beantragen; in einem solchen Falle ist die Frage der Würdigkeit auf Grund seines Verhaltens während des Strafvollzuges zu beurteilen.

### § 69

Im Falle mehrerer Verurteilungen kann das Gericht den Verurteilten unter Berücksichtigung aller Verurteilungen befreien. Die erforderliche Frist (§ 68 Abs. 1 a) ist in diesem Falle zehn Jahre; diese Frist wird von den spätesten unter den in Betracht kommenden Anfangstagen gerechnet.

### § 70

(1) Das Gericht kann denjenigen nicht befreien:
a) der zum Tode oder zu einer Kerkerstrafe von mehr als zehn Jahren verurteilt wurde,
b) dessen Verurteilung wegen eines Verbrechens gegen die Rechtsnormen über den strafrechtlichen Schutz des Staates oder wegen Kriegsverbrechen oder Verbrechen gegen das Volk erfolgte.

(2) Das Gericht kann denjenigen nicht befreien, gegen den ein Strafverfahren wegen eines Verbrechens eingeleitet ist.

### § 71

(1) Der Vorsitzendenrat der Volksrepublik kann durch Begnadigung mit der in diesem Gesetz bestimmten Wirkung auch denjenigen Verurteilten befreien, bei dem dies nach den vorstehenden Verfügungen nicht statthaft wäre.

(2) Im Falle einer Verurteilung im Ausland kann der Verurteilte nur durch Begnadigung befreit werden.

## ZWEITER TEIL

### Über die Übertretungen

### VII. KAPITEL

### Allgemeine Bestimmungen über die Übertretungen

§§ 72—88[1])

Schlußvorschrift

§ 89

Für das Inkrafttreten dieses Gesetzes werden besondere Bestimmungen getroffen.

## ZWEITER TITEL

### Besondere Vorschriften

## ERSTER TEIL

### Strafhandlungen gegen die Volksrepublik

### I. KAPITEL

### Strafhandlungen gegen die innere Sicherheit des Staates.— Verbrechen gegen die volksdemokratische Staatsordnung und gegen die Volksrepublik

1[2])

(1) Wer eine auf den Sturz der auf der Verfassung der ungarischen Volksrepublik beruhenden volksdemokratischen Staatsordnung oder der Volksrepublik[3]) gerichtete Handlung begeht, Bewegung oder Organisation anregt, führt oder ihr wesentliche, materielle Unterstützung gewährt, wird wegen eines Verbrechens bestraft.

(2) Wer an einer in Abs. 1 genannten Bewegung oder Organisation tätigen Anteil nimmt oder sie fördert, begeht ebenfalls ein Verbrechen.

2[4])

Ein Verbrechen begeht, wer

a) zur Abänderung der in Punkt 1 Abs. 1 genannten, volksdemokratischen Staatsordnung oder Volksrepublik aufwiegelt;
b) zum Haß gegen die volksdemokratische Staatsordnung oder ihre grundlegenden Institutionen anreizt;
c) zum Haß gegen einzelne Personen oder Gruppen wegen ihrer volksdemokratischen oder volksrepublikanischen Auffassung anreizt;
d) gegen die staatsbürgerliche Freiheit oder die Gleichberechtigung, oder zum nationalen, rassischen oder religiösen Haß anreizt.

---

[1]) Außer Kraft gesetzt durch § 20 der gk. VO Nr. 17 vom Jahre 1955, welche statt Übertretungen die sogenannten Regelverletzungen einführte.

[2]) § 1 des VII. Gesetzes vom Jahre 1946.

[3]) Im ursprünglichen Text des Gesetzes lautet diese Stelle: „demokratische Staatsordnung oder der demokratischen Republik". Die Änderung beruht auf einem Beschluß des politischen Ausschusses des Parlaments vom 12. August 1949, wonach: „die Bestimmungen des VII. Gesetzes über den strafrechtlichen Schutz der ungarischen Republik künftig sinngemäß als Strafvorschriften zum Schutze der ungarischen Volksrepublik anzuwenden sind." (Aktenstücke Nr. 26.)

[4]) § 2 des VII. Gesetzes vom Jahre 1946.

3[1])

Wer eine kriegs- oder volksfeindliche Strafhandlung oder irgendeine, in den Punkten 1, 2, 4, 5 und 7—9 bezeichnete Handlung verherrlicht oder deren Verüber lobt, begeht ein Verbrechen.

4[2])

(1) Wer im Beisein von zwei oder mehreren Personen eine unwahre Tatsache oder eine wahre Tatsache auf eine Weise behauptet oder verbreitet, die geeignet ist, die in Punkt 1 Abs. 1 genannte volksdemokratische Staatsordnung oder die Volksrepublik verächtlich zu machen oder ihr internationales Ansehen zu beeinträchtigen, begeht ein Verbrechen.

(2) Wird die in Abs. 1 genannte Handlung in der in Punkt 26 Abs. 1 genannten Weise begangen, so fällt sie unter eine schwerere Zurechnung.[3])

5[4])

Wer im Beisein von zwei oder mehreren Personen eine unwahre Tatsache behauptet oder verbreitet, die geeignet ist, die öffentliche Ordnung oder Ruhe zu stören, die außenpolitischen Interessen des Landes zu gefährden oder die wirtschaftliche Lage nachteilig zu beeinflussen, dessen Handlung fällt ebenfalls unter die Bestimmungen des Punktes 4. Wer eine wahre Tatsache in der oben angeführten Weise mit der Absicht behauptet oder verbreitet, die öffentliche Ordnung oder Ruhe zu stören, bzw. die außenpolitischen Interessen des Landes zu gefährden oder die wirtschaftliche Lage nachteilig zu beeinflussen, dessen Handlung fällt ebenfalls unter die vorstehenden Bestimmungen.

6[5])

(1) Wer eine Nachricht erdichtet oder eine unwahre Nachricht verbreitet, die die öffentliche Ordnung oder Ruhe stören oder die Interessen der Außenpolitik des Landes gefährden, oder aber die wirtschaftliche Lage oder das Kreditwesen des Landes nachteilig beeinflussen kann, begeht ein Verbrechen und wird, soweit die Handlung nicht in anderen Vorschriften mit schwererer Strafe bedroht ist, wegen Verbrechens mit Kerker bis zu einem Jahr bestraft.

(2) Wer im Krieg in Zusammenhang mit der Kriegsführung eine Schreckensnachricht erdichtet oder unwahre Schreckensnachrichten verbreitet, wird — soweit die Handlung nicht in anderen Vorschriften mit schwererer Strafe bedroht ist — wegen Verbrechens mit Kerker bis zu einem Jahr bestraft.

7[6])

(1) Wer die ungarische Nation, die volksdemokratische Staatsordnung oder die Volksrepublik, irgendeine ihrer grundlegenden Institutionen, eine im Lande lebende Nationalität, bzw. eine Religionsgemeinschaft durch Wort oder Tat beschimpft, wird — soweit die Handlung nicht in anderen

[1]) § 3 des VII. Gesetzes vom Jahre 1946.
[2]) § 4 des VII. Gesetzes vom Jahre 1946.
[3]) Siehe Punkt 11 Abs. 4.
[4]) § 26 des XXXIV. Gesetzes vom Jahre 1947.
[5]) § 2 des X. Gesetzes vom Jahre 1937 und § 80 des III. Gesetzes vom Jahre 1930.
[6]) § 19 Abs. 2 und 3 des XLVIII. Gesetzes vom Jahre 1948.

Vorschriften mit schwererer Strafe bedroht ist — wegen Verbrechens mit Kerker bis zu einem Jahr bestraft.

(2) Wird das in Abs. 1 genannte Verbrechen durch die Presse oder auf andere Weise öffentlich begangen, ist die Strafe Kerker bis zu zwei Jahren.

**8**[1])

Wer zur Begehung einer in Punkt 1 genannten Straftat sich mit einem anderen verbindet, eine zur Vorbereitung der Ausführung gerichtete Handlung begeht oder zur Begehung der genannten Strafhandlungen anreizt, einen anderen dazu auffordert, sich dazu erbietet oder sich zur Ausführung bereit erklärt, wird wegen Verbrechens bestraft.

**9**[2])

(1) Wer von einer in Punkt 1 bezeichneten Handlung, Bewegung oder Organisation glaubhaft erfährt und es unterläßt, der Behörde baldmöglichst Anzeige zu erstatten, begeht ein Verbrechen.

(2) Die Angehörigen (§ 29 StGBA) des Verübers können auf Grund des vorstehenden Absatzes nicht bestraft werden.

**10**[3])

Wer von der in Punkt 1 Abs. 1 genannten Bewegung oder Organisation zurücktritt — bevor die Behörde sie aufgedeckt hat —, bleibt straffrei, wenn er die übrigen Mitglieder zur Aufgabe der Bewegung oder der Organisation zu bewegen versucht hat oder die Bewegung bzw. Organisation der Behörde angezeigt hat.

**11**[4])

(1) Die Strafe der in Punkt 1 Abs. 1 bezeichneten Handlungen ist die Todesstrafe oder lebenslanger Kerker oder Kerker von fünf bis zu fünfzehn Jahren.

(2) Die Strafe der in Punkt 1 Abs. 2 und in Punkt 8 bezeichneten Handlungen ist Kerker von fünf bis zu fünfzehn Jahren.

(3) Die Strafe der in Punkt 2 bezeichneten Handlung ist Kerker von zwei bis zu zehn Jahren.

(4) Die Strafe der in Punkt 3, in Punkt 4 Abs. 1, sowie in Punkt 9 Abs. 1 bezeichneten Verbrechen ist Kerker bis zu fünf Jahren, dagegen des in Punkt 4 Abs. 2 bezeichneten Verbrechens Kerker von sechs Monaten bis zu fünf Jahren.

(5) Wegen der in den Punkten 1 und 2, in Punkt 4 Abs. 2, sowie in Punkt 8, und wegen des in Punkt 5 bezeichneten, aber unter die Bestimmungen des Punktes 4 Abs. 2 fallenden Verbrechens kann, unter Anwendung des § 45 StGBA, auf Ausweisung des Verübers aus der Gemeinde, in der sein Aufenthalt hinsichtlich der demokratischen Staatsordnung gefährlich ist, erkannt werden. Wegen des in Punkt 1 Abs. 1 bezeichneten Verbrechens ist außerdem auch auf vollständige Vermögenseinziehung, wegen des in Punkt 1 Abs. 2, in Punkt 2, in Punkt 4 Abs. 2, sowie in Punkt 8 und

---

[1]) § 6 des VII. Gesetzes vom Jahre 1946.

[2]) § 8 des VII. Gesetzes vom Jahre 1946.

[3]) § 9 des VII. Gesetzes vom Jahre 1946.

[4]) § 10 des VII. Gesetzes vom Jahre 1946.

ebenso in Punkt 5 bezeichneten, aber unter die Bestimmungen des Punktes 4 Abs. 2 fallenden Verbrechens dagegen auf vollständige Vermögenseinziehung oder auf Einziehung eines bestimmten Vermögensteiles zu erkennen.

12[1])

Die Bestimmungen der Punkte 92 und 94 Abs. 1 sind bei den in Punkt 1 Abs. 1 bezeichneten Strafhandlungen, die Bestimmungen des Punktes 94 Abs. 2 dagegen bei den in den Punkten 1—5 und 7—9 bezeichneten Strafhandlungen ebenfalls anzuwenden.

Hochverrat gegen das Gebiet des ungarischen Staates

13

(1) Das Verbrechen des Hochverrates wird durch eine Handlung begangen, die unmittelbar darauf gerichtet ist, das Gebiet des ungarischen Staates oder einen Teil des Staatsgebietes gewaltsam unter fremde Botmäßigkeit zu bringen oder gewaltsam loszureißen.

(2) Wer das Verbrechen des Hochverrates begeht, wird mit lebenslangem Kerker bestraft.

14

(1) Die zur Begehung des Hochverrates gebildete Verbindung wird, wenn keine auf die Ausführung des Verbrechens gerichtete Vorbereitungshandlung hinzutritt, mit Kerker von einem bis zu fünf Jahren, und wenn auch eine Vorbereitungshandlung begangen wurde, mit Kerker von fünf bis zu zehn Jahren bestraft.

(2) Eine solche Verbindung ist gebildet, wenn zwei oder mehrere Personen im gemeinsamen Einverständnisse die Ausführung des Hochverrates beschließen.

15

(1) Wer öffentlich in einer Versammlung mündlich oder durch Verbreitung von Schriften, Druckwerken oder bildlichen Darstellungen oder durch öffentliche Ausstellung derselben zum Hochverrat unmittelbar auffordert, wird, wenn er den Inhalt bzw. die Bedeutung der Schriften, Druckwerke oder bildlichen Darstellungen gekannt hat, mit Kerker von fünf bis zu zehn Jahren bestraft.

(2) Ist die Aufforderung ganz erfolglos geblieben, darf die Strafe fünf Jahre Kerker nicht übersteigen.

16

(1) Wer von der Planung eines Hochverrats zu einer Zeit, zu der die Verhinderung noch möglich ist, glaubhaft Kenntnis erhält, und der Obrigkeit keine Anzeige erstattet, wird mit Kerker bis zu drei Jahren bestraft — ausgenommen, das geplante Verbrechen ist unterblieben.

(2) Die Angehörigen (§ 29 StGBA) des Verübers werden wegen Unterlassung der Anzeige nicht bestraft.

---

1) § 11 Abs. 3 des VII. Gesetzes vom Jahre 1946.

## Aufstand

**17**

Eine Zusammenrottung zu dem Zwecke um:
a) den Reichstag oder einen Ausschuß desselben;
b) den Vorsitzendenrat der Volksrepublik;
c) den Ministerrat durch Gewalt oder durch gefährliche Drohungen in der freien Ausübung ihrer Wirksamkeit zu hindern, oder zu einem Beschlusse, einer Verfügung oder Unterlassung zu zwingen, bildet das Verbrechen des Aufstandes und wird mit Kerker von zehn bis zu fünfzehn Jahren bestraft.

**18**

(1) Aufstand ist auch eine Zusammenrottung zu dem Zwecke, einzelne Nationalitäten oder Religionsgemeinschaften der Staatsbürger bewaffnet anzugreifen.

(2) Wegen dieser Handlung werden die Anstifter und Anführer mit Kerker von fünf bis zu zehn Jahren, die übrigen dagegen mit Kerker bis zu zwei Jahren bestraft.

**19**

Hat die aufständische Rotte eine Gemeinde, ein Haus, ein Waffen-, Kriegsmaterial- oder Pulvermagazin, eine Eisenbahn, ein Telegrafen- oder Postamt angegriffen oder in ihre Gewalt gebracht, so werden — soweit nicht ein schwerer zu bestrafendes Verbrechen vorliegt — die Anstifter und Anführer mit Kerker von zehn bis zu fünfzehn Jahren, die übrigen mit Kerker von zwei bis zu fünf Jahren bestraft.

**20**

Hat die aufständische Rotte Raub, Brandstiftung, Zerstörung oder Gewalt gegen einzelne Personen verübt, so werden — soweit nicht ein schwerer zu bestrafendes Verbrechen vorliegt — die Anstifter und Anführer mit Kerker von zehn bis zu fünfzehn Jahren, die übrigen mit Kerker von einem bis zu fünf Jahren bestraft.

**21**

Eine zum Zwecke der Anstiftung eines Aufstandes gebildete Verbindung wird, wenn keine Vorbereitungshandlung für die Ausführung des Verbrechens begangen wurde, mit Kerker von einem bis zu drei Jahren, im anderen Falle aber mit Kerker von zwei bis zu fünf Jahren bestraft.

**22**

Wurde aber die Verbindung zu dem Zwecke gebildet, das in Punkt 20 bezeichnete Verbrechen auszuführen, so werden die Mitglieder derselben, nach der Unterscheidung des vorigen Punktes, mit Kerker von einem bis zu drei, bzw. bis zu fünf Jahren bestraft.

**23**

(1) Wer zur Begehung der in den Punkten 17—22 bezeichneten Handlungen auf die in Punkt 15 bestimmte Art und Weise eine Aufforderung erläßt oder verbreitet, wird, falls infolge dieser Aufforderung die Handlung begangen oder versucht wurde, als Anstifter bestraft.

(2) Ist die Aufforderung aber ganz erfolglos geblieben, so tritt Kerker von sechs Monaten bis zu zwei Jahren ein.

24

(1) Wegen eines Aufstandes bleiben, mit Ausnahme der Anstifter und Anführer, diejenigen straflos, die auf Aufforderung durch die bürgerlichen oder militärischen Behörden den Schauplatz des Aufstandes verlassen und an demselben nicht weiter teilnehmen.

(2) Die Straflosigkeit erstreckt sich jedoch nicht auf während des Aufstandes begangene strafbare Handlungen, noch auf Teilnahmehandlungen.

### Verbot der Bildung eines bewaffneten Haufens

25

(1) Wer im Inland an der Bildung, Sammlung oder Tätigkeit eines bewaffneten, oder sonstwie zum gewaltsamen Auftreten sich ungesetzlich bildenden Haufens teilnimmt, begeht — soweit die Handlung nicht in anderen Vorschriften mit schwerer Straf bedroht ist — ein Verbrechen und wird mit Kerker bis zu zwei Jahren bestraft.

(2) Die Anführer und Hintermänner werden wegen Verbrechens mit Kerker von sechs Monaten bis zu fünf Jahren bestraft.

(3) Unter Haufen ist im Sinne dieses Punktes eine militärisch organisierte und unter militärischem Gehorsam gehaltene Einheit zu verstehen, die aus einer größeren Anzahl von Beteiligten besteht.

### Aufreizung gegen die Gesetze, die Behörden oder die behördlichen Organe

26

(1) Wer vor einer Versammlung öffentlich mit Worten oder durch Verbreitung oder öffentliche Ausstellung von Druckwerken, Schriften oder bildlichen Darstellungen zur Begehung eines Verbrechens unmittelbar auffordert, wird, wenn infolge dieser Aufforderung das Verbrechen begangen wurde, als Anstifter bestraft.

(2) Ist die Aufforderung erfolglos geblieben, so wird sie — soweit die Tat nicht unter besondere Vorschriften des Gesetzes fällt — mit Kerker bis zu zwei Jahren bestraft.

27

(1) Wer auf die in Punkt 26 bezeichnete Art zum Ungehorsam gegen das Gesetz oder gegen die von den Behörden in ihrem gesetzlichen Wirkungskreis erlassenen Verordnungen, Verfügungen und Beschlüsse unmittelbar auffordert oder solche Aufforderungen verbreitet, wird mit Kerker bis zu zwei Jahren bestraft.

(2) Die gleiche Strafe trifft auch denjenigen, der auf die in Punkt 26 bezeichnete Art gegen das Rechtsinstitut der Ehe aufreizt.

28

Wer auf die in Punkt 26 bezeichnete Art die rechtsverbindliche Kraft der Gesetze angreift, wird mit Kerker bis zu fünf Jahren bestraft.

29

(1) Wer eine vom Gesetz als Verbrechen erklärte Handlung auf die in Punkt 26 bezeichnete Art anpreist, oder wer den Verüber eines Verbrechens wegen der von ihm begangenen Handlung auf diese Weise belobigt oder öffentlich auszeichnet, wird mit Kerker bis zu sechs Monaten bestraft.

(2) Das Strafverfahren kann jedoch nur dann eingeleitet werden, wenn die Handlung innerhalb von drei Monaten nach der Begehung angezeigt wurde.

30

Die Punkte 26 und 29 sind auch dann anzuwenden, wenn die Handlung hinsichtlich eines militärischen Verbrechens begangen wurde.

### Verbrechen gegen produktionsgenossenschaftliche Gruppen und ihre Mitglieder

31[1])

Wer die Bildung einer produktionsgenossenschaftlichen Gruppe dadurch erschwert, vereitelt, die Tätigkeit einer bestehenden Gruppe verhindert oder ihr Bestehen gefährdet, indem er

a) gegen die Institution der produktionsgenossenschaftlichen Gruppe aufwiegelt, sie verleumdet oder beschimpft;

b) den Beitritt einer anderen Person zu der Gruppe zu verhindern sucht;

c) die Mitglieder der Gruppe oder die Angehörigen ihrer Hausgemeinschaft wegen ihrer Gruppenzugehörigkeit beschimpft, verunglimpft oder mißhandelt;

d) die Mitglieder der Gruppe oder andere in ihrer für die Gruppe ausgeübten Tätigkeit behindert oder sie zu behindern sucht,

begeht ein Verbrechen und wird mit Kerker von zwei bis zu zehn Jahren bestraft.

32[2])

Das Gericht kann gegen den Verüber des in Punkt 31 bezeichneten Verbrechens auf Vermögenseinziehung erkennen. Es kann außerdem, unter Anwendung des § 45 StGBA, auf Ausweisung des Verurteilten aus der Gemeinde, in der er das Verbrechen begangen hat, erkannt werden.

### Mißbrauch von explodierenden Stoffen oder Sprengstoffen

33[3])

(1) Wer explodierende Stoffe, Sprengstoffe (Dynamit. Ekrasit usw.), die zur Tötung eines Menschen oder zur Zerstörung geeignet sind, oder Geräte (Bomben, Handgranaten, Höllenmaschinen usw.), in denen eine solche Materie oder ein solcher Stoff Verwendung finden, unbefugt zubereitet, zubereiten läßt, herstellt, herstellen läßt, erwirbt, erwerben läßt, aufbewahrt, aufbewahren läßt oder eine solche Materie oder einen solchen Stoff Unbefugten überläßt, begeht ein Verbrechen und wird mit Kerker von sechs Monaten bis zu zwei Jahren bestraft.

1) § 1 der Regierungsverordnung Nr. 2560 (1949) III.19.
2) § 3 der Regierungsverordnung Nr. 2560 (1949) III.19.
3) § 1 des XV. Gesetzes vom Jahre 1924.

(2) Die Handlung wird, wenn eine auf die Ausführung eines anderen Verbrechens gerichtete Verbindung oder eine andere Vorbereitungshandlung hinzutritt, mit Kerker von einem bis zu fünf Jahren bestraft.

(3) Wer die Ausführung eines Verbrechens unter Anwendung von explodierenden Materien oder Sprengstoffen begonnen, aber nicht vollendet hat, wird — soweit die Handlung nicht in anderen Vorschriften mit schwererer Strafe bedroht ist — mit Kerker von einem bis zu zehn Jahren bestraft; wenn jedoch die Handlung vollendet wurde, ist die Strafe lebenslanger Kerker.

### Mißbrauch von Schußwaffen und Munition

**34[1])**

(1) Wer unter Verletzung oder Umgehung der bestehenden, bzw. ergangenen Verordnungen Schußwaffen oder Munition herstellt, in seinem Besitz oder zu seiner Verfügung hält, an andere überläßt oder feilhält, bzw. seiner vorgeschriebenen Melde- oder Ablieferungspflicht nicht nachkommt, begeht ein Verbrechen und wird mit Kerker von sechs Monaten bis zu fünf Jahren bestraft.

(2) Die Schußwaffen oder die Munition, auf die sich die Handlung bezog, sind — einerlei ob sie Eigentum des Verübers sind oder nicht — einzuziehen.

(3) Wer ein vorsätzliches Verbrechen unter Anwendung von Schußwaffen oder durch Drohung mit Schußwaffen begeht, wird — soweit die Handlung nicht in anderen Vorschriften mit schwererer Strafe bedroht ist — mit Kerker von einem bis zu zehn Jahren bestraft. Diese Bestimmung kommt jedoch nicht zur Anwendung, wenn der Verüber die Schußwaffe rechtmäßig, auf Grund seines Berufes, mit sich geführt hat.

## II. KAPITEL

## Strafhandlungen gegen die äußere Sicherheit des Staates

### Staatsverrat und Spionage

**35[2])**

(1) Wer sich mit einer ausländischen Regierung oder ausländischen Vereinigung verbindet oder Beziehungen aufnimmt, um diese zu einer feindlichen Handlung gegen den ungarischen Staat zu bewegen, oder wer eine fremde Macht zu einem Kriege oder zu Zwangsmaßnahmen gegen den ungarischen Staat zu bewegen sucht, begeht das Verbrechen des Staatsverrates und wird mit Kerker von zehn bis zu fünfzehn Jahren bestraft.

(2) Ist jedoch die Kriegserklärung erfolgt oder der Krieg ausgebrochen, so wird der Staatsverrat mit lebenslangem Kerker bestraft.

**36[3])**

(1) Wer zur Kriegszeit:

a) der Streitmacht des ungarischen Staates oder eines Verbündeten oder einer mit ihnen zusammenwirkenden Streitmacht vorsätzlich Schaden zufügt oder dem Feinde vorsätzlich Vorschub leistet;

---

[1]) § 2 der VO des Ministerpräsidenten Nr. 7150/1946 (VI.22) M. E. und § 15 des XLVIII. Gesetzes vom Jahre 1948.

[2]) § 58 des III. Gesetzes vom Jahre 1930.

[3]) § 59 des III. Gesetzes vom Jahre 1930.

b) die Ausführung einer solchen Handlung versucht;
c) sich mit dem Feinde deswegen in Verbindung setzt;
d) sich zur Ausführung der unter a und b genannten Handlungen mit anderen verbindet, einen anderen dazu zu bestimmen versucht oder auf die in Punkt 15 bezeichnete Art erfolglos auffordert,

begeht das Verbrechen des Staatsverrates und wird mit Kerker von zehn bis zu fünfzehn Jahren bestraft.

(2) Wenn der Verüber das Verbrechen unter vorsätzlicher Verletzung seiner Amts- oder Dienstpflichten begangen hat, so ist die Strafe lebenslanger Kerker.

(3) Wenn jedoch infolge des Verbrechens einer oder mehrere der bewaffneten Macht in Kriegsgefangenschaft geraten sind, getötet oder schwer verwundet wurden, eine schwere Krankheit erlitten haben, durch die Handlung ein schwerer Nachteil eingetreten ist oder die Interessen der Kriegsführung beträchtlich gefährdet wurden, so ist auf Todesstrafe zu erkennen.

37[1])

(1) Wegen des Verbrechens des Staatsverrates wird mit Kerker von sechs Monaten bis zu fünf Jahren bestraft wer:

a) ein militärisches Geheimnis oder ein anderes Geheimnis, das die wichtigen Interessen des ungarischen Staates, insbesondere seine internationale oder wirtschaftliche Lage betrifft, ausspäht oder sich unbefugt verschafft;
b) kraft seiner amtlichen Stellung, durch amtliche Betrauung oder infolge seines bestehenden Dienst- oder Vertragsverhältnisses mit den Behörden, in den Besitz oder zur Kenntnis eines solchen Geheimnisses gelangt und dasselbe öffentlich bekanntmacht oder einem Unbefugten mitteilt oder aber an einen Unbefugten anderswie gelangen läßt;
c) ein solches Geheimnis, das nicht auf die in a und b bezeichnete Art in seinen Besitz oder zu seiner Kenntnis gelangt ist, öffentlich bekanntmacht oder einem Unbefugten mitteilt oder aber an einen Unbefugten anderswie gelangen läßt, wenn die Handlung die Interessen des Staates gefährdet;
d) eine der unter a—c bezeichneten Handlungen zu begehen versucht;
e) zur Begehung der unter a—c bezeichneten Handlungen sich mit anderen verbindet, andere hierzu zu bestimmen versucht oder auf die in Punkt 15 bezeichnete Art erfolglos auffordert;
f) zwecks Begehung der unter a—c bezeichneten Handlungen eine Anlage errichtet oder unterhält.

(2) Wird die Handlung zur Kriegszeit begangen, ist die Strafe Kerker von fünf bis zu zehn Jahren.

(3) Militärische Geheimnisse sind alle Maßnahmen, Nachrichten, Pläne, Gegenstände oder jede andere Tatsache, deren Kenntnisnahme durch Unbefugte die Landesverteidigung oder allgemein die Sicherheit des Staates gefährden kann.

(4) Das militärische Geheimnis eines Verbündeten des ungarischen Staates oder einer mit ihm zusammenwirkenden Streitmacht wird während des Krieges dem militärischen Geheimnis des ungarischen Staates gleichgestellt.

---

[1]) § 60 des III. Gesetzes vom Jahre 1930.

**38[1])**

(1) Die Strafe des in Punkt 37 bezeichneten Staatsverrates ist:

Kerker von zehn bis zu fünfzehn Jahren, wenn die Handlung begangen wurde, um das Geheimnis zur Kenntnis der Behörden eines fremden Staates, einer ausländischen Vereinigung, ihrer Beauftragten oder einer in ihren Interessen tätigen Person gelangen zu lassen oder ihnen zugänglich zu machen;

lebenslanger Kerker, wenn die Handlung zum oben erwähnten Zweck begangen wurde und die Interessen des Staates schwer verletzt oder gefährdet hat oder aber das Geheimnis zum erwähnten Zweck durch Diebstahl oder gewaltsame Handlung verschafft wurde;

Todesstrafe, wenn die Handlung zum erwähnten Zweck und unter Ausnutzung einer amtlichen Stellung, amtlichen Betrauung oder eines gesetzlichen oder vertraglichen Verhältnisses zu den Behörden, begangen wurde und die Handlung die Interessen des Staates schwer verletzt oder gefährdet hat.

(2) Die Strafe des in Punkt 37 bezeichneten Staatsverrates ist die Todesstrafe, wenn die Handlung zur Kriegszeit begangen wurde, um das Geheimnis zur Kenntnis der Behörden eines fremden Staates, einer ausländischen Vereinigung, ihrer Beauftragten oder einer in ihren Interessen tätigen Person gelangen zu lassen oder ihnen zugänglich zu machen.

**39[2])**

Als Täter[3]) wird bestraft, wer dem Verüber des nach Punkt 38 strafbaren Verbrechens Hilfe leistet, sei es bei der Ausspähung oder der Verschaffung des Geheimnisses oder aber um das Geheimnis zur Kenntnis der Behörden eines fremden Staates, einer ausländischen Vereinigung, ihrer Beauftragten oder einer in ihren Interessen tätigen Person gelangen zu lassen.

**40[4])**

Wer sich den Behörden eines fremden Staates, einer ausländischen Vereinigung, ihren Beauftragten oder einer in ihren Interessen tätigen Person als Spion anbietet oder sich für sie zu Spionagediensten bereit erklärt, begeht das Verbrechen des Staatsverrates und wird mit Kerker von zehn bis zu fünfzehn Jahren, im Kriege jedoch mit dem Tode bestraft.

**41[5])**

(1) Wer von einer der militärischen Verteidigung des ungarischen Staates dienenden Anlage oder Maßnahme ohne Erlaubnis der zuständigen Behörden eine Skizze, einen Plan, eine Beschreibung oder eine Abbildung verfertigt oder veröffentlicht, und wer eine solche unter amtlichem Gewahrsam befindliche Skizze, Plan, Beschreibung oder Abbildung für sich selbst oder für andere verschafft oder von ihr eine Kopie verfertigt, begeht ein Verbrechen und wird — soweit die Handlung nicht in anderen Vorschriften mit schwererer Strafe bedroht ist — mit Kerker bis zu zwei Jahren bestraft.

---

1) §§ 2 und 3 des XVIII. Gesetzes vom Jahre 1934.

2) § 63 des III. Gesetzes vom Jahre 1930.

3) Siehe Fußnote 1.

4) § 4 des XVIII. Gesetzes vom Jahre 1934.

5) § 65 des III. Gesetzes vom Jahre 1930.

(2) Ebenso wird bestraft, wer sich heimlich oder mit List dorthin einschleicht, wohin der Zutritt für die Öffentlichkeit durch die zuständige Behörde im Interesse der militärischen Verteidigung des Staates verboten wurde.

(3) Die militärische Verteidigung eines Verbündeten des ungarischen Staates oder einer mit ihnen zusammenwirkenden Streitmacht wird während des Krieges der militärischen Verteidigung des ungarischen Staates gleichgestellt.

**42[1])**

Werden die in Punkt 37 b und c bezeichneten Handlungen fahrlässig begangen, ist die Strafe Kerker bis zu fünf Jahren.

**43[2])**

Wer Schriftstücke oder andere Gegenstände, die militärische Geheimnisse oder andere die Sicherheit oder wichtige Interessen des ungarischen Staates betreffende Geheimnisse enthalten, ohne dazu befugt zu sein, bei sich behält, wird — soweit die Handlung nicht in anderen Vorschriften mit schwererer Strafe bedroht ist — mit Kerker bis zu einem Jahr bestraft.

**44[3])**

(1) Wer eine falsche oder verfälschte Schrift, eine Zeichnung oder andere unwahre Tatsachen, die im Falle der Echtheit in Punkt 37 bezeichnete Geheimnisse wären, den Behörden eines fremden Staates, einer ausländischen Vereinigung, ihren Beauftragten oder einer in ihren Interessen tätigen Person mitteilt, begeht, wenn diese Mitteilung geeignet ist, militärische oder andere wichtige Interessen des Staates zu gefährden, das Verbrechen des Staatsverrats und wird mit Kerker von fünf bis zu zehn Jahren bestraft.

(2) Ebenso wird bestraft, wer für solche Mitteilungen falsche oder verfälschte Schriften oder Zeichnungen verfertigt oder unwahre Tatsachen erdichtet.

**45[4])**

(1) Wer von dem Plan einer in den Punkten 35—37 und 39—40 sowie 44 bezeichneten Handlung zu einer Zeit glaubhaft Kenntnis erhält, wo deren Verhinderung noch möglich ist und den Behörden nicht rechtzeitig Anzeige erstattet, wird mit Kerker bis zu drei Jahren bestraft, ausgenommen, das geplante Verbrechen ist unterblieben.

(2) Die Angehörigen (§ 29 StGBA) des Verübers werden wegen Unterlassung der Anzeige nicht bestraft.

**46[5])**

(1) Im Falle der in den Punkten 35—37 und 39—40 sowie 44 bezeichneten Handlungen kann unter Anwendung des § 45 StGBA, auf Ausweisung des Verübers aus der Gemeinde, in der sein Aufenthalt für die Interessen des ungarischen Staates gefährlich ist, erkannt werden.

---

[1]) § 66 des III. Gesetzes vom Jahre 1930.
[2]) § 67 des III. Gesetzes vom Jahre 1930.
[3]) § 68 des III. Gesetzes vom Jahre 1930.
[4]) § 69 des III. Gesetzes vom Jahre 1930.
[5]) § 70 des III. Gesetzes vom Jahre 1930.

(2) Das Gericht kann im Urteil auf Vermögenseinziehung erkennen.

(3) Das Entgelt oder die Belohnung, die für die Begehung des in den Punkten 35—37 und 39—40 sowie in den Punkten 42 oder 44 bezeichneten Verbrechen im voraus oder nachträglich empfangen wurde, ist ohne Rücksicht auf die Anwendung des vorigen Absatzes in jedem Falle einzuziehen. Wenn jedoch die Einziehung nicht durchführbar ist, ist der Verurteilte zur Zahlung eines dem empfangenen Wert oder des darin enthaltenen materiellen Vorteils entsprechenden Betrages an die Staatskasse zu verpflichten.

**47[1])**

(1) Wegen des in Punkt 37 f bezeichneten Verbrechens kann derjenige nicht bestraft werden, der die dort erwähnte Anlage vor Entdeckung der Straftat aus freien Stücken vernichtet.

(2) Die Unterlassung der Anzeige (Punkt 45) kann nicht bestraft werden, wenn die Behörde die Handlung aus einer offenkundigen Tatsache, insbesondere aus einer Pressenachricht, erfahren mußte.

### Unerlaubter Grenzübertritt. — Paßmißbrauch. — Flucht ins Ausland. — Werbung zur Begehung unerlaubten Grenzübertritts

**48[2])**

(1) Wer sich eines auf fremden Namen ausgestellten Reisepasses oder einer zum Grenzübertritt berechtigenden anderen Urkunde bedient,

den auf den eigenen oder den Namen eines Dritten ausgestellten Reisepaß oder eine ähnliche Urkunde einem anderen zum Gebrauch überläßt,

über sich selbst oder seine Reisegefährten falsche Auskunft gibt, die Behörde über die Berechtigung des Grenzübertritts sonstwie irrezuführen versucht oder die Grenze auf unerlaubte Weise überschreitet, ebenso wer im Falle des im Sinne des § 2 des VI. G-A. vom Jahre 1903 verordneten Reisepaßzwanges im Landesgebiet, bzw. in einem Teil davon ohne Reisepaß reist oder verkehrt, begeht ein Verbrechen und wird mit Kerker bis zu fünf Jahren bestraft.

(2) Wer einem andern in der Begehung irgendeiner, in Abs. 1 bezeichneten Handlung Hilfe leistet, ist wegen Verbrechens mit Kerker von sechs Monaten bis zu fünf Jahren zu bestrafen.

(3) Wenn das in Abs. 2 bezeichnete Verbrechen die Förderung eines in Gruppen ausgeführten Grenzübertrittes bezweckt hat, so ist als Hauptstrafe auf Kerker von einem bis zu fünf Jahren zu erkennen.

(4) Wer von einem falschen oder gefälschten Reisepaß, bzw. einer zum Grenzübertritt berechtigenden anderen Urkunde Gebrauch macht oder sie einem andern zum Gebrauch überläßt, wird im Sinne des Punktes 152 bestraft.

(5) Wer zum unerlaubten Grenzübertritt regelmäßig oder geschäftsmäßig Hilfe leistet, wird mit Kerker von einem bis zu zehn Jahren und mit Vermögenseinziehung bestraft.

(6) Wer von der Planung oder der Begehung eines in Abs. 5 bezeichneten Verbrechens glaubhaft Kenntnis erhält und den Behörden nicht recht-

---

[1]) § 71 Abs. 2 und Abs. 3 des III. Gesetzes vom Jahre 1930.

[2]) Die Absätze 1—4 enthalten den § 48 des XLVIII. Gesetzes vom Jahre 1948, die Absätze 5 und 6 den § 3 Abs. 1 und 2 der gk. VO Nr. 12 vom Jahre 1957.

zeitig Anzeige erstattet, wird mit Kerker bis zu zwei Jahren bestraft. Die Angehörigen (§ 29 StGBA) des Verübers werden wegen Unterlassung der Anzeige nicht bestraft.

**48 A[1])**

(1) Wer als Angehöriger einer dem Militärstrafverfahren unterstellten, bewaffneten und polizeilichen Körperschaft, ins Ausland flüchtet, wird mit Kerker bis zu fünfzehn Jahren bestraft.

(2) Ebenso ist die Zivilperson zu bestrafen, welche ein Flugzeug oder ein anderes Luftfahrzeug unerlaubt und vorsätzlich ins Ausland führt, oder auf diesen, als Mitglied des Personals unerlaubt und vorsätzlich sich ins Ausland begibt.

(3) Werden die in Absatz 1 und 2 bezeichneten Verbrechen bewaffnet oder in Gruppen verübt, so ist auf Todesstrafe zu erkennen.

**48 B[2])**

Wer die Vorbedingungen sichert, die zur Begehung des in Punkt 48 A bezeichneten Verbrechens notwendig sind oder dieses erleichtern, die hierzu notwendigen Mittel oder Geräte beschafft, bzw. diese zur Begehung des Verbrechens geeignet macht, oder wer einen anderen zur Begehung auffordert, sich zur Begehung erbietet, die gemeinsame Begehung vereinbart oder irgendeine andere Handlung zur Vorbereitung der Ausführung des Verbrechens begeht, wird mit Kerker bis zu zehn Jahren bestraft.

**48 C[3])**

Wer von den in den Punkten 48 A und 48 B bezeichneten Strafhandlungen Kenntnis erhält und den Behörden nicht unverzüglich Anzeige erstattet, wird mit Kerker bis zu fünf Jahren bestraft.

**48 D[4])**

(1) Im Falle des in Punkt 48 A bezeichneten Verbrechens ist auf Einziehung des gesamten Vermögens zu erkennen.

(2) Im Falle der in den Punkten 48 B und 48 C bezeichneten Verbrechen ist auf die Einziehung des gesamten Vermögens oder auf einen Teil davon zu erkennen.

(3) Gegen die Verüber des in den Punkten 48 A und 48 B bezeichneten Verbrechens kann auch auf Ausweisung aus einem bestimmten Teil des Landes (§ 45 StGBA) erkannt werden.

**48 E[5])**

Wer eine Werbung für die Begehung von unerlaubtem Grenzübertritt entfaltet oder andere zur Begehung dieser Handlung auffordert, wird mit Kerker von sechs Monaten bis zu fünf Jahren bestraft.

---

[1]) § 1 der gk. VO Nr. 12 vom Jahre 1954.
[2]) § 2 der gk. VO Nr. 12 vom Jahre 1954.
[3]) § 3 der gk. VO Nr. 12 vom Jahre 1954.
[4]) § 4 der gk. VO Nr. 12 vom Jahre 1954.
[5]) § 2 der gk. VO Nr. 12 vom Jahre 1957.

### Verbrechen gegen die internationale Verständigung

**49**[1])

(1) Wer im Landesgebiet im Interesse eines fremden Staates:

a) die in den Punkten 25, 48, 219 oder 220 bezeichneten Strafhandlungen begeht;

b) sich mit der Ausspähung von militärischen Geheimnissen eines fremden Staates befaßt, sich hierzu mit anderen verbindet, zu diesem Zweck eine Organisation oder eine Anlage errichtet oder deren Tätigkeit unterstützt oder andere hierzu auffordert;

c) die Sicherheit des Land-, Wasser- oder Luftverkehrs gefährdet;

d) sich mit anderen zur Begehung von Handlungen verbindet, die die innere Ordnung oder die äußere Sicherheit eines fremden Staates schwer verletzen, wenn außer dieser Verbindung auch eine Vorbereitungshandlung im Landesgebiet begangen wurde;

e) ohne Erlaubnis der ungarischen Regierung für den Militärdienst oder andere Dienste von militärischem Interesse wirbt;

begeht ein Verbrechen und wird mit Kerker von sechs Monaten bis zu fünf Jahren bestraft.

(2) Wenn durch die im vorstehenden Absatz unter a—e bezeichneten Handlungen die internationalen oder wirtschaftlichen Interessen des ungarischen Staates schwer verletzt oder gefährdet wurden und der Täter diesen Erfolg voraussehen konnte, ist die Strafe Kerker von einem bis zu zehn Jahren.

(3) Im Falle dieses Punktes kann unter Anwendung des § 45 StGBA auf Ausweisung des Verübers aus der Gemeinde, in der die Handlung begangen wurde, erkannt werden.

## III. KAPITEL

## Strafhandlungen gegen die Interessen der Landesverteidigung

### Strafhandlungen in Zusammenhang mit den Verteidigungspflichten

**50**[2])

(1) Wer im Zusammenhang mit der Wehrpflicht seinen Anmeldungs-, Melde- oder Gestellungspflichten nicht Folge leistet, begeht — soweit die Handlung nicht in anderen Vorschriften mit schwererer Strafe bedroht ist — eine Regelverletzung.[3])

(2) Die in Abs. 1 bezeichnete Handlung ist ein Verbrechen, wenn der Täter sie zu dem Zweck begeht, sich der Aushebungspflicht zu entziehen und wird mit Kerker bis zu einem Jahr bestraft; wenn die Handlung zu demselben Zweck im Krieg begangen wird, ist die Strafe Kerker bis zu zwei Jahren.

**51**[4])

Ein Wehrpflichtiger, der das Landesgebiet entgegen den gesetzlichen Bestimmungen ohne Erlaubnis verläßt oder die Grenzen der erhaltenen Erlaubnis überschreitet, wird mit Kerker bis zu zwei Jahren, im Krieg bis

[1]) § 11 des XVIII. Gesetzes vom Jahre 1940.
[2]) § 177 des II. Gesetzes vom Jahre 1939.
[3]) Vgl. Fußnote 1 zu §§ 72—88 über die Übertretungen.
[4]) § 26 des XIV. Gesetzes vom Jahre 1942.

zu fünf Jahren bestraft. Entzieht er sich aber durch seine Abwesenheit der festgesetzten Erfüllung der Wehrpflicht, wird er mit Kerker bis zu fünf Jahren, im Krieg mit Kerker von sechs Monaten bis zu fünf Jahren bestraft.

**52[1])**

(1) Wer:

a) sich selbst verstümmelt oder durch andere verstümmeln läßt, seine Gesundheit selbst oder durch andere beschädigt — beschädigen läßt, um zur Erfüllung der Wehrpflicht untauglich zu werden;

b) zu diesem Zwecke einen Wehrpflichtigen verstümmelt oder dessen Gesundheit beschädigt,

begeht ein Verbrechen und wird mit Kerker bis zu fünf Jahren, im Krieg mit Kerker von sechs Monaten bis zu fünf Jahren bestraft.

(2) Wird die in Abs. 1 unter b bezeichnete Handlung gewerbsmäßig begangen, ist die Strafe Kerker von sechs Monaten bis zu fünf Jahren, im Krieg jedoch — soweit die Handlung nicht in anderen Vorschriften mit schwererer Strafe bedroht ist — Kerker von einem bis zu zehn Jahren.

**53[2])**

Wer sich listiger Vorspiegelungen bedient, um sich oder einen anderen der Wehrpflicht zu entziehen, wird nach den Unterscheidungen des Punktes 52 mit den dort festgesetzten Strafen bestraft.

**54[3])**

(1) Der Wehrpflichtige, der dem Einberufungsbefehl vorsätzlich oder fahrlässig nicht Folge leistet, begeht ein Verbrechen und wird mit Kerker bis zu zwei Jahren, im Krieg jedoch mit Kerker bis zu fünf Jahren bestraft; hat das vorsätzliche Versäumnis mehr als acht Tage gedauert, ist die Strafe Kerker von sechs Monaten bis zu fünf Jahren.

(2) Wer einen anderen zu einer in Abs. 1 bezeichneten Handlung, auch erfolglos, verleitet, begeht ein Verbrechen und wird mit Kerker bis zu zwei Jahren, im Krieg jedoch bis zu fünf Jahren bestraft. Wenn die Absicht des Verführers auf ein Versäumnis von mehr als acht Tagen gerichtet war, ist auf Kerkerstrafe von sechs Monaten bis zu fünf Jahren zu erkennen.

(3) Wenn dagegen der Täter eines Verbrechens des Ungehorsams gegen einen Einberufungsbefehl zum Militär — einerlei ob im Frieden oder im Krieg — später aus freien Stücken dem Befehl Folge geleistet hat — sofern das Versäumnis nicht mehr als zwei Tage gedauert hat — oder wenn der Fall im übrigen von geringer Bedeutung ist, wird auf Kerker bis zu sechs Monaten erkannt.

(4) Mit der Verleitung zum Ungehorsam gegen einen Einberufungsbefehl zum Militär, begeht der Täter, einerlei ob er im Militärdienst steht oder nicht, eine militärische Straftat.

**55[4])**

Wer sich listiger Vorspiegelungen bedient, um für sich oder einen anderen eine ihm nicht zukommende Begünstigung im Hinblick auf die Wehr-

---

[1]) § 179 des II. Gesetzes vom Jahre 1939.

[2]) § 180 des II. Gesetzes vom Jahre 1939.

[3]) § 181 Abs. 1 und 2 des II. Gesetzes vom Jahre 1939 und § 27 des XIV. Gesetzes vom Jahre 1942.

[4]) § 182 des II. Gesetzes vom Jahre 1939.

pflicht zu erlangen, begeht ein Verbrechen und wird mit Kerker bis zu zwei Jahren bestraft.

(2) Im Krieg ist die Strafe Kerker von sechs Monaten bis zu drei Jahren.

**56**[1])

(1) Die dem militärischen Arbeitsdienst oder der persönlichen Luftschutzpflicht unterstellte Person:

a) die der Bestellung (Dienstpflicht) keine Folge leistet, vorausgesetzt, daß das Versäumnis nicht unverschuldet war;

b) die andere zu einer unter a bezeichneten Handlung, auch erfolglos, verleitet,

begeht — soweit die Handlung nicht in anderen Vorschriften mit schwererer Strafe bedroht ist — eine Regelverletzung.

(2) Wenn die in Abs. 1 bezeichnete Handlung infolge einer Verabredung von zwei oder mehreren dem militärischen Arbeitsdienst oder der persönlichen Luftschutzpflicht unterstellten Personen begangen wird, bildet sie ein Verbrechen und wird mit Kerker bis zu einem Jahr bestraft.

(3) Im Krieg ist die in Abs. 1 bezeichnete Handlung ein Verbrechen und wird mit Kerker bis zu einem Jahr, die in Abs. 2 bezeichnete Handlung jedoch mit Kerker von sechs Monaten bis zu drei Jahren bestraft.

**57**[2])

(1) Wer:

a) sich selbst verstümmelt oder durch andere verstümmeln läßt, seine Gesundheit selbst oder durch andere beschädigt — beschädigen läßt —, um zur Erfüllung des militärischen Arbeitsdienstes oder der persönlichen Luftschutzpflicht untauglich zu werden;

b) eine, dem militärischen Arbeitsdienst oder der persönlichen Luftschutzpflicht unterstellte Person zu diesem Zwecke verstümmelt oder ihre Gesundheit beschädigt,

wird wegen Verbrechens mit Kerker bis zu zwei Jahren, im Krieg jedoch mit Kerker von sechs Monaten bis zu drei Jahren bestraft.

(2) Wird die in Abs. 1 unter b bezeichnete Handlung gewerbsmäßig begangen, ist die Strafe Kerker von sechs Monaten bis zu drei Jahren, im Krieg jedoch — soweit die Handlung nicht in anderen Vorschriften mit schwererer Strafe bedroht ist — Kerker von einem bis zu fünf Jahren.

**58**[3])

Wer sich listiger Vorspiegelungen bedient, um sich oder einen anderen der Erfüllung des militärischen Arbeitsdienstes oder der persönlichen Luftschutzpflicht zu entziehen, wird nach den Unterscheidungen des Punktes 57 mit den dort festgesetzten Strafen bestraft.

**59**[4])

(1) Die zum militärischen Arbeitsdienst oder zur persönlichen Luftschutzpflicht in Anspruch genommene Person, die ihre Abteilung oder ihren

---

[1]) § 184 des II. Gesetzes vom Jahre 1939.

[2]) § 185 des II. Gesetzes vom Jahre 1939.

[3]) § 186 des II. Gesetzes vom Jahre 1939.

[4]) § 187 des II. Gesetzes vom Jahre 1939.

Einsatzort willkürlich verläßt oder diesen fernbleibt, begeht — soweit die Handlung nicht in anderen Vorschriften mit schwererer Strafe bedroht ist —, eine Regelverletzung.[1])

(2) Wenn die in Abs. 1 bezeichnete Handlung infolge einer Verabredung von zwei oder mehreren Personen begangen wird, die dem militärischen Arbeitsdienst oder dem persönlichen Luftschutzdienst unterstellt sind, bildet sie ein Verbrechen und wird mit Kerker bis zu zwei Jahren bestraft.

(3) Im Krieg ist die in Abs. 1 bezeichnete Handlung ein Verbrechen und wird mit Kerker bis zu einem Jahr, die in Abs. 2 bezeichnete Handlung jedoch mit Kerker von sechs Monaten bis zu drei Jahren bestraft.

(4) Die in Abs. 1 bezeichnete Handlung ist im Krieg ein Verbrechen und wird mit Kerker von sechs Monaten bis zu fünf Jahren bestraft, die in Abs. 2 bezeichnete Handlung jedoch mit Kerker von einem bis zu fünf Jahren, wenn:

a) die Interessen der Landesverteidigung einen schweren Nachteil erlitten haben, oder

b) die Handlung von einer Person begangen wird, die den militärischen Arbeitsdienst, bzw. die persönliche Luftschutzpflicht bei der in Kriegsbereitschaft stehenden Armee zu verrichten hat.

**60[2])**

(1) Wenn eine gesetzlich verpflichtete Person nicht innerhalb der von den Behörden festgesetzten Frist:

für die Fertigstellung und Ausstattung des Luftschutzraumes,

für die Entrümpelung des Bodenraumes

und für die Ausrüstung der Luftschutzwache des Hauses sorgt, begeht sie eine Regelverletzung.

(2) Wenn eine verpflichtete Person wegen der im vorstehenden Absatz bezeichneten Regelverletzung bereits bestraft wurde und ihre Pflicht auf wiederholte Aufforderung durch die Behörden nicht innerhalb der festgesetzten Frist erfüllt, wird dieselbe Handlung ein Verbrechen und mit Kerker bis zu einem Jahr bestraft.

(3) Wenn die in Abs. 1 erwähnte Person die Errichtung einer öffentlichen Luftschutzanlage,

die Unterbringung eines Luftschutzgerätes,

die Vorbereitung zur Errichtung oder Unterbringung einer solchen Anlage oder eines Luftschutzgerätes

oder aber die Vorbereitungen der Inanspruchnahme einer Liegenschaft zu Zwecken des Luftschutzes verhindert,

wird sie wegen Verbrechens mit Kerker bis zu zwei Jahren bestraft.

**61[3])**

(1) Wer bei einem Luftangriff oder bei unmittelbarer Gefahr eines Luftangriffes die Abwendung der Gefahr oder ihrer Wirkungen bezweckenden behördlichen Verfügungen vorsätzlich oder fahrlässig verletzt, begeht ein Verbrechen und wird mit Kerker bis zu fünf Jahren bestraft.

(2) Wenn als Folge einer solchen vorsätzlich begangenen Handlung Staatsinteressen schwer verletzt wurden, Todesfälle eingetreten sind,

---

[1]) Vgl. Fußnote 8.
[2]) § 189 des II. Gesetzes vom Jahre 1939.
[3]) § 190 des II. Gesetzes vom Jahre 1939.

schwere Körperverletzungen oder großer materieller Schaden entstanden sind und der Täter diesen Erfolg voraussehen konnte,

ist die Strafe Kerker von einem bis zu fünfzehn Jahren;

wenn jedoch die Absicht des Täters auf den eingetretenen Erfolg gerichtet war, ist die Strafe

im Falle schwerer Körperverletzung oder großem materiellem Schaden: lebenslanger Kerker, bei Todesfällen oder schwerer Verletzung der Staatsinteressen: Todesstrafe.

## Strafhandlungen in Zusammenhang mit Kriegslieferungen

### 62[1])

Wer einen mit einer Behörde oder mit einem behördlichen Organ geschlossenen Vertrag, der Lieferungen für die Streitmacht der ungarischen Volksrepublik oder ihrer Verbündeten oder eine mit ihnen zusammenwirkenden Streitmacht betrifft,

vorsätzlich entweder gar nicht oder nicht in der vereinbarten Weise erfüllt, begeht ein Verbrechen und wird mit Kerker von sechs Monaten bis zu fünf Jahren bestraft.

### 63[2])

Die Strafe der in Punkt 62 bezeichneten Handlung ist Kerker von einem bis zu zehn Jahren:

a) wenn sie die Interessen der Streitmacht unmittelbar gefährdet hat;

Lebenslanger Kerker:

b) wenn als Folge ein wesentlicher Schaden für die Interessen der Kriegsführung eingetreten ist;

c) ein Angehöriger der Streitmacht getötet oder schwer verwundet wurde, oder eine schwere Krankheit erlitten hat und der Täter diesen Erfolg voraussehen konnte.

Todesstrafe:

d) wenn die Handlung im Krieg begangen wurde und als ihre Folge die Kampffähigkeit eines Angehörigen der mit dem Feinde kämpfenden Streitmacht so vermindert wurde, daß Menschenleben zum Opfer gefallen sind und der Täter diesen Erfolg voraussehen konnte.

### 64[3])

(1) Wer die in Punkt 62 bezeichnete Pflicht aus Fahrlässigkeit gar nicht oder nicht in der ausbedungenen Weise erfüllt, so daß dadurch für die Interessen der Kriegsführung Nachteile entstehen können, begeht ein Verbrechen, das mit Kerker bis zu drei Jahren bestraft wird.

(2) Die Handlung wird, wenn sie im Krieg begangen wurde oder ein in Art. 63 bezeichneter Fall vorliegt, mit Kerker von zwei bis zu fünf Jahren bestraft.

### 65[4])

Wer einen mit einer Behörde oder einem behördlichen Organ, oder mit deren Zustimmung oder durch deren Vermittlung geschlossenen Vertrag, der Lieferungen für eine der Heilung, der Betreuung oder der Erholung

---

1) § 1 des XIX. Gesetzes vom Jahre 1915.

2) §§ 2 und 3 des XIX. Gesetzes vom Jahre 1915.

3) § 4 des XIX. Gesetzes vom Jahre 1915.

4) § 5 des XIX. Gesetzes vom Jahre 1915.

von Kriegsverwundeten, Kranken oder Genesenden dienende Anstalt betrifft, nicht oder nicht in der vereinbarten Weise erfüllt,

wird nach den Unterscheidungen der Punkte 62—64 mit den dort festgesetzten Strafen bestraft.

66[1])

(1) Nach den in den Punkten 62—65 bezeichneten Unterscheidungen werden mit den dort festgesetzten Strafen auch diejenigen bestraft, die als Unterlieferanten oder Unternehmer die Erfüllung der Verbindlichkeit des Lieferanten ganz oder teilweise übernommen haben,

ebenso Bevollmächtigte der Vertragspartei, Transportunternehmer und Bedienstete von Transportanstalten, wenn infolge ihrer vorsätzlichen oder fahrlässigen Handlungen oder Unterlassungen die Lieferungen nicht oder nicht in der vereinbarten Weise erfüllt werden.

(2) Auch die Vermittler werden nach den Unterscheidungen des vorigen Absatzes mit den dort festgesetzten Strafen bestraft, wenn sie die Nichterfüllung oder die nicht entsprechende Erfüllung der Lieferungen vorausgesehen haben bzw. voraussehen konnten.

67[2])

(1) Ein öffentlicher Beamter, der seine Amtspflichten entweder bei der Abschließung der in den Punkten 62 und 65 bezeichneten Verträge, bei der Festsetzung von Abgaben, die für Zwecke der Streitmacht nach dem Gesetz verbindlich sind, oder anderen nach Gesetz oder Vertrag verbindlichen Abgaben, hinsichtlich deren Übergabe oder Übernahme, der Aufsicht, Übersicht oder Überprüfung, bei denen er kraft seines Amtes oder kraft besonderer Betrauung mitwirkt, vorsätzlich nicht oder nicht entsprechend erfüllt,

begeht ein Verbrechen und wird mit Kerker von sechs Monaten bis zu fünf Jahren bestraft.

(2) Den in Abs. 1 bezeichneten Pflichten des öffentlichen Beamten werden im Krieg die Pflichten gleichgestellt, die ihm bei der Registrierung, Aufsicht und Inanspruchnahme der Wehrpflichtigen und der dem militärischen Arbeitsdienst und der persönlichen Luftschutzpflicht unterstellten Personen,

ferner bei den militärischen Abgaben, sowie bei der Versorgung und der Unterstützung der Bevölkerung auferlegt sind.

(3) Im Krieg ist die Strafe der in Abs. 1 bezeichneten Handlung Kerker von einem bis zu zehn Jahren; lebenslanger Kerker, wenn infolge der Handlung die Interessen der Landesverteidigung schwer verletzt wurden;

wenn dagegen infolge der Handlung ein Todesfall eingetreten ist und der Verüber dies voraussehen konnte, wird Todesstrafe verhängt.

68[3])

Wer die in Punkt 67 Abs. 1 bezeichnete Handlung im Krieg hinsichtlich eines der Versorgung der Streitmacht oder der Bevölkerung bestimmten Vorrates,

---

[1]) § 6 des XIX. Gesetzes vom Jahre 1915.

[2]) § 7 des XIX. Gesetzes vom Jahre 1915 und § 191 des II. Gesetzes vom Jahre 1939.

[3]) § 8 Abs. 1 des XIX. Gesetzes vom Jahre 1915, § 191 Abs. 3 des II. Gesetzes vom Jahre 1939, § 11 Abs. 3 des X. Gesetzes vom Jahre 1942.

für ein ihm selbst oder mit seiner Zustimmung einem Dritten übergebenes oder versprochenes Geschenk, eine Belohnung oder einen anderen Vorteil begeht,

wird mit Kerker von zehn bis zu fünfzehn Jahren, wenn jedoch infolge seiner Handlung die Interessen der Landesverteidigung schwer verletzt wurden, mit dem Tode bestraft.

**69**[1])

Eine Verbindung, die auf die Begehung der in den Punkten 62, 65 und 66 bezeichneten Verbrechen, sowie des nach Punkt 63 strafbaren Verbrechens, oder

der in den Punkten 67 und 68 bezeichneten Verbrechen gerichtet ist (Punkt 14 Abs. 2) ist im Krieg, wenn noch eine Vorbereitungshandlung dazukommt, ein Verbrechen und wird mit Kerker bis zu drei Jahren bestraft.

### Andere, die Interessen der Landesverteidigung gefährdende Strafhandlungen

**70**[2])

(1) Wer gegen das Gesetz über die Landesverteidigung oder gegen die von den Behörden auf Grund des Gesetzes über die Landesverteidigung erlassenen Verordnungen,

bzw. gegen deren nach Form und Inhalt ebenso gesetzlichen Verfügungen aufwiegelt oder zum Ungehorsam auffordert,

begeht ein Verbrechen und wird mit Kerker bis zu zwei Jahren bestraft.

(2) Wird die im vorstehenden Absatz bezeichnete Handlung im Krieg begangen, ist die Strafe Kerker von sechs Monaten bis zu fünf Jahren; wenn jedoch infolge dieser Handlung die Interessen der Landesverteidigung schwer verletzt wurden, ist die Strafe Kerker von einem bis zu zehn Jahren.

**71**[3])

Wer eine Mitteilung, die sich auf die Kriegsmacht des ungarischen Staates oder seiner Verbündeten oder einer mit ihnen zusammenwirkenden Kriegsmacht oder auf die Vorbereitungen der Landesverteidigung bezieht und keine militärischen Geheimnisse enthält, entgegen einem auf Grund des Gesetzes über die Landesverteidigung erlassenen Verbot durch die Presse veröffentlicht,

begeht ein Verbrechen und wird mit Kerker bis zu fünf Jahren bestraft.

**72**[4])

Wegen eines Verbrechens wird mit Kerker bis zu zwei Jahren bestraft, wer:

a) ohne Erlaubnis Kurzwellensendegeräte, Radiosender oder Anlagen errichtet oder in Betrieb hält;

b) entgegen einem Verbot Tiere, die zur Nachrichtenübermittlung geeignet sind, hält oder sie zur Nachrichtenübermittlung benützt.

---

1) § 12 Abs. 1 des XIX. Gesetzes vom Jahre 1915.

2) § 196 des II. Gesetzes vom Jahre 1939.

3) § 199 des II. Gesetzes vom Jahre 1939.

4) § 200 Abs. 1 und 2 des II. Gesetzes vom Jahre 1939.

(2) Die in Abs. 1 bezeichnete Handlung wird im Krieg mit Kerker von sechs Monaten bis zu fünf Jahren bestraft.

**73[1])**

(1) Wer die bestimmungsgemäße Tätigkeit einer der öffentlichen Wasser-, Gas- oder Elektrizitätsversorgung dienenden Anlage

oder eines anderen durch den Ministerrat für die Versorgung der Bevölkerung als lebenswichtig erklärten Betriebes,

eines dem öffentlichen Verkehr dienenden Unternehmens,

oder eines für die Landesverteidigung arbeitenden Betriebes,

eines öffentlichen Krankenhauses,

oder anderer, dem öffentlichen Gesundheitswesen dienenden Einrichtungen,

durch Streik, durch geplant langsame, fehlerhafte oder mangelhafte Arbeit oder durch widerrechtliches Eindringen oder Verweilen in einem Betriebsraum oder auf andere Weise vorsätzlich stört,

begeht ein Verbrechen und wird mit Kerker von sechs Monaten bis zu fünf Jahren bestraft.

(2) Wer zu einer solchen Handlung aufwiegelt oder einen anderen zu ihrer Begehung auffordert, wird ebenso bestraft.

(3) Wird die Handlung im Krieg oder auf Grund einer vorherigen Verabredung von mehreren Personen begangen, ist die Strafe der Anstifter und der Anführer Kerker von einem bis zu zehn Jahren.

(4) Die Einleitung oder Fortsetzung des Strafverfahrens wegen Teilnahme an einer durch Streik oder durch geplant langsame, fehlerhafte oder mangelhafte Arbeit begangenen Strafhandlung kann gegenüber einer solchen Person unterlassen werden, die bei der Tat nur eine untergeordnete Rolle gespielt hat und von der anzunehmen ist, daß sie zur Teilnahme nur durch das gewaltsame Auftreten, das Aufwiegeln oder das Beispiel von anderen bestimmt wurde.

(5) Die Bestimmungen dieses Punktes erstrecken sich auf landwirtschaftliche und industrielle Betriebe, sowie auf Handels- und Verkehrsbetriebe.

**74[2])**

(1) Wer in der Absicht, die Interessen der Landesverteidigung zu verletzen, eine Sache beschädigt, zum bestimmungsgemäßen Gebrauch ungeeignet macht oder sie vernichtet,

begeht ein Verbrechen und wird mit Kerker von sechs Monaten bis zu fünf Jahren, im Krieg von einem bis zu zehn Jahren bestraft.

(2) Die Strafe der in Abs. 1 bezeichneten Handlung ist lebenslanger Kerker, wenn infolge der Handlung die Interessen der Landesverteidigung schwer verletzt wurden;

wenn dagegen durch die Handlung der Tod eines oder mehrerer Menschen verursacht wurde und der Verüber dies voraussehen konnte, wird Todesstrafe verhängt.

---

[1]) § 203 des II. Gesetzes vom Jahre 1939.

[2]) § 204 des II. Gesetzes vom Jahre 1939.

75[1])

(1) Eine Zivilperson, die auf Grund Gesetzes oder vertraglich unter militärischer Leitung dienst- oder arbeitsverpflichtet ist,

begeht ein Verbrechen, wenn sie sich den Anordnungen des militärischen Leiters oder der durch den militärischen Leiter beauftragten Person widersetzt, ihre Weisungen nicht oder nicht entsprechend befolgt und wird mit Kerker bis zu einem Jahr bestraft.

(2) Wird die in Abs. 1 bezeichnete Handlung auf Verabredung hin von zwei oder mehreren Personen begangen oder kommt eine tätliche Mißhandlung des militärischen Leiters oder der durch ihn beauftragten Person hinzu, ist die Strafe Kerker von sechs Monaten bis zu fünf Jahren; im Krieg jedoch von einem bis zu fünf Jahren.

76[2])

Wer einem Kriegsgefangenen bei der Flucht aus der Kriegsgefangenschaft zur Wiedererlangung der Freiheit behilflich ist,

begeht ein Verbrechen und wird mit Kerker bis zu zwei Jahren bestraft.

Gemeinsame Strafbestimmungen

77[3])

78[4])

(1) Wer einen anderen zur Begehung der in diesem Kapitel bezeichneten Verbrechen zu bestimmen versucht, wird — wenn seine Absicht erfolglos geblieben ist —, nach den Vorschriften über den Versuch bestraft; ausgenommen sind die Fälle, die in Punkt 54 Abs. 2, in den Punkten 62—66, 67 Abs. 1, 69 und 76 enthalten sind.

(2) Im Falle der in diesem Kapitel bezeichneten Verbrechen — mit Ausnahme der in den Punkten 62—66, in Punkt 67 Abs. 1, in den Punkten 69 und 76 bezeichneten Fälle — kann unter Anwendung des § 45 StGBA, auf Ausweisung des Verübers aus der Gemeinde, in der sein Aufenthalt für die Interessen der Landesverteidigung gefährlich ist, erkannt werden.

(3) Das Gericht kann im Urteil bei in diesem Kapitel bezeichneten Verbrechen, die mit Kerker über drei Jahren bedroht sind, sowie bei Verbrechen, die zur Erlangung eines widerrechtlichen Vermögensvorteils oder aus Gewinnsucht begangen wurden — mit den in Abs. 2 angeführten Ausnahmen — auf Vermögenseinziehung erkennen.

(4) Das Entgelt oder die Belohnung, die für die Begehung der in diesem Kapitel bezeichneten Verbrechen — mit den in Abs. 2 angeführten Ausnahmen — entweder im voraus oder nachträglich empfangen wurden, sind — ohne Rücksicht auf die Anwendung des vorigen Absatzes — einzuziehen; wenn jedoch die Einziehung nicht durchführbar ist, so ist der Verurteilte zur Zahlung eines dem empfangenen Wert oder dem erhaltenen materiellen Vorteil entsprechenden Betrages an die Staatskasse zu verpflichten.

(5) Im Falle der in Punkt 50 bezeichneten Strafhandlung beginnt die Verjährung mit dem letzten Tag des Jahres, in dem die Erfüllung der Erfassungs-, Melde- oder Stellungspflicht versäumt wurde.

---

1) § 205 des II. Gesetzes vom Jahre 1939.
2) § 81 des III. Gesetzes vom Jahre 1930.
3) Außer Kraft gesetzt durch die gk. VO Nr. 17 vom Jahre 1955 über die Abschaffung des Instituts der Übertretung und der Übertretungsgerichtsbarkeit.
4) §§ 213 und 215 des II. Gesetzes vom Jahre 1939.

(6) Im Falle der in den Punkten 51—54 bezeichneten Handlungen beginnt die Verjährung für den Wehrpflichtigen sowie für die übrigen Verüber mit dem Tag des Beginns oder dem Ende der Wehrpflicht.

**79[1])**

Wenn kraft einer Verordnung oder behördlichen Verfügung, welche auf Grund des Gesetzes über die Landesverteidigung erlassen wurde,

einer juristischen Person eine Pflicht auferlegt wird, deren Verletzung durch eine Rechtsvorschrift zur Strafhandlung erklärt wird, so ist derjenige als Verüber zu betrachten, dessen Beschluß, Maßnahme oder andere Tätigkeit die Verletzung der Pflicht verursacht hat. Im Falle einer Strafhandlung durch Unterlassung liegt die strafrechtliche Verantwortung bei demjenigen, dessen Pflicht die Erfüllung des unterlassenen Beschlusses, der Maßnahme oder einer anderen Tätigkeit gewesen wäre.

## IV. KAPITEL

## Verbrechen gegen den Frieden — Kriegs- und volksfeindliche Strafhandlungen

### Verbrechen gegen den Frieden

**80[2])**

(1) Wer in Wort oder Schrift, durch die Presse, den Rundfunk, durch Film oder auf irgendeine andere Weise zum Kriege hetzt, sonstwie Kriegspropaganda treibt oder Kriegspropaganda fördert,

begeht das Verbrechen gegen den Frieden der Völker.

(2) Der Verüber dieses Verbrechens wird mit Kerker von sechs Monaten bis zu fünfzehn Jahren und mit Vermögenseinziehung bestraft.

### Kriegs- und volksfeindliche Strafhandlungen

**81[3])**

(1) Die in diesem Kapitel bezeichneten, unten angeführten Strafhandlungen sind auch dann strafbar, wenn die Handlung am fünften Februar 1945 schon vollendet wurde und nach den im Zeitpunkt der Vollendung bestehenden gesetzlichen Vorschriften nicht strafbar war.

(2) Die in diesem Kapitel enthaltenen, unten angeführten Bestimmungen — mit Ausnahme des Punktes 86 Abs. 1 g und des Punktes 90 — sind mit rückwirkender Kraft anzuwenden.

**82[4])**

Kriegsverbrecher ist, wer:

a) durch eine Tätigkeit oder ein Verbrechen, die er in leitender Stellung entwickelt hat, die Ausbreitung des Krieges vom Jahre 1939 auf Ungarn oder die gesteigerte Verwicklung Ungarns in diesem Krieg gefördert hat;

---

[1]) § 214 des II. Gesetzes vom Jahre 1939.

[2]) §§ 1—2 des V. Gesetzes vom Jahre 1950.

[3]) § 1 der VO des Ministerpräsidenten Nr. 81/1945 (II.5) M.E. § 16 der VO des Ministerpräsidenten Nr. 1440/1945 (V.1) M.E. und § 3 der VO des Ministerpräsidenten Nr. 6750/1945 (VIII.19) M.E.

[4]) § 11 der VO des Ministerpräsidenten Nr. 81/1945 (II.5) M.E. und § 6 der VO des Ministerpräsidenten Nr. 1440/1945 (V.1); VII. Gesetz vom Jahre 1945.

oder dies nicht zu verhindern gesucht hat, obwohl er dazu nach seiner Stellung als öffentlicher Beamter, seiner leitenden politischen, wirtschaftlichen oder sonstigen Position im öffentlichen Leben in der Lage gewesen war;

b) als Regierungs- oder Parlamentsmitglied oder als öffentlicher Beamter in leitender Stellung — obwohl er die Folgen voraussehen konnte — einen Beschluß anregte oder sich an seiner Fassung beteiligte, durch den das ungarische Volk in den Weltkrieg, der im Jahre 1939 ausgebrochen ist, hineingerissen wurde;

c) den Abschluß eines Waffenstillstandes mit Gewalt oder unter Ausnützung seines Einflusses zu verhindern versucht hat;

d) mit Handlungen von maßgeblicher Bedeutung, der pfeilkreuzlerischen Bewegung in dem auf die Machtergreifung gerichteten Aufstand, zur Erhaltung dieser Macht Hilfe geleistet hat oder wer nach der Machtergreifung auf Grund einer Ernennung oder Betrauung im Rahmen der pfeilkreuzlerischen Regierung, Verwaltung oder Verteidigungswesen — ohne lebensbedrohende Notwendigkeit — eine leitende Stellung angenommen hat. (Unter leitenden Stellungen sind Minister-, Staatssekretär-, Obergespan-, Oberbürgermeister-, Armeekommandant-, Korpskommandantposten oder Posten von ähnlicher Bedeutung zu verstehen);

e) die internationalen Rechtsvorschriften der Kriegsführung hinsichtlich der Behandlung der Bevölkerung der besetzten Gebiete oder der Kriegsgefangenen schwer verletzt hat oder die Bevölkerung der wiedereingegliederten Gebiete unter Mißbrauch der ihm anvertrauten Macht grausam behandelt hat, oder wer allgemein im In- oder Ausland Anstifter, Täter oder Gehilfe bei ungesetzlichen Hinrichtungen oder Folterungen von Menschen war;

f) in Druckwerken, Vervielfältigungen, Reden vor einer Versammlung oder im Rundfunk, während eines längeren Zeitraumes ununterbrochen eine Tätigkeit von dauernder Art entfaltet hat, die geeignet war, die öffentliche Meinung in bedeutendem Maße für den Eintritt in den Krieg oder die Führung eines Krieges in erhöhtem Maße zu beeinflussen und in eine für das Land schädliche Richtung zu lenken.

**83**[1])

Für die in Punkt 82 unter a—f bezeichneten Handlungen können folgende Strafen verhängt werden:

a) Tod,
b) lebenslanger Kerker,
c) Kerker von zehn bis zu fünfzehn Jahren.

**84**[2])

Kriegsverbrecher ist auch:

a) wer in Druckwerken, Vervielfältigungen, Reden, vor einer Versammlung oder im Rundfunk für den Eintritt in den Krieg oder die Führung eines Krieges in gesteigertem Maße aufgereizt hat;

b) wer einer Einheit mit militärischem Gepräge zu einer Gewalthandlung gegen Personen oder Vermögen Hilfe geleistet hat;

---

1) § 7 der VO des Ministerpräsidenten Nr. 1440/1945 (V.1) M.E.

2) § 13 der VO des Ministerpräsidenten Nr. 81/1945 (II.5) M.E. und § 8 der VO des Ministerpräsidenten Nr. 1440/1945 (V.1) M.E.

c) wer mit einer Handlung von untergeordneter Art der pfeilkreuzlerischen Bewegung zur Machtergreifung oder zur Erhaltung der Macht Hilfe geleistet hat,
oder nach der Machtergreifung auf Grund einer Ernennung oder Betrauung im Rahmen der pfeilkreuzlerischen Verwaltung oder des Verteidigungswesens freiwillig einen, in Punkt 82 d nicht angeführten wichtigen Posten angenommen hat;
d) wer als ungarischer Staatsbürger den Verbänden der deutschen Wehrmacht oder des Sicherheitsdienstes, der SS, der Gestapo usw. beigetreten ist;
e) wer irgendeiner deutschen Stelle Angaben, die die Interessen des Ungarntums verletzt haben, geliefert hat oder als Spitzel tätig war;
f) im Dienste der Kriegspropaganda wesentliche geistige Arbeit geleistet hat;
g) in irgendeiner Form eine Tätigkeit entfaltet hat oder entfaltet, bzw. gefördert hat oder fördert, die zur Erschwerung oder Störung des Friedens oder der Verständigung der Völker oder zur Verursachung eines internationalen Konfliktes geeignet ist.

**85[1])**

Als Hauptstrafen können für die in Punkt 84 unter a—g bezeichneten Handlungen folgende Strafen angewendet werden:
a) Todesstrafe,
b) lebenslanger Kerker,
c) Kerker von fünf bis zu fünfzehn Jahren.

**86[2])**

(1) An volksfeindlichen Verbrechen ist schuldig:
a) das Mitglied des Ministeriums, des Parlaments oder der öffentliche Beamte in leitender Stellung, die eine Rechtsvorschrift, die die Interessen des Volkes schwer verletzt hat, angeregt oder an ihrer Schaffung wissentlich teilgenommen haben;
b) wer zu einem Zeitpunkt nach dem 1. September 1939 in einer Amtshandlung als öffentlicher Beamter bei der Durchführung von Gesetzen und Verordnungen, die sich gegen einzelne Schichten des Volkes richteten, unter Überschreitung der für ihn vorgeschriebenen Funktionen, eine Tätigkeit entfaltet hat, die die persönliche Freiheit oder die körperliche Unversehrtheit gefährdet oder verletzt hat oder den Verfall des Vermögens einzelner Personen gefördert hat;
c) wer als öffentlicher Beamter in Ausübung der Gerichtsbarkeit ständig eine volksfeindliche, faschistenfreundliche Amtsführung entfaltet hat;
d) in Druckwerken, Reden vor einer Versammlung oder im Rundfunk, während eines längeren Zeitraumes eine ununterbrochene Tätigkeit entfaltet hat, die geeignet war, die öffentliche Meinung in bedeutendem Maß für die Verbreitung und Stärkung der faschistischen und antidemokratischen Richtungen oder das Erwecken bzw. der Unterhaltung des Rassen- und Religionshasses zu beeinflussen und in eine, für das Land schädliche Richtung zu lenken;

---

1) § 9 der VO des Ministerpräsidenten Nr. 1440/1945 (V.1) M.E.

2) § 15 der VO des Ministerpräsidenten Nr. 81/1945 (II.5) M.E., § 10 der VO des Ministerpräsidenten Nr. 1440/1945 (V.1) M.E; §§ 1—2 der VO des Ministerpräsidenten Nr. 6750/1945 (VIII.19) M.E; siehe Punkt 93.

e) wer als Spitzel der faschistischen und antidemokratischen Bestrebungen oder der Verfolgung einzelner Schichten der Gesellschaft dienenden amtlichen Organe, Parteien oder gesellschaftlichen Organisationen tätig war oder für sie Angaben lieferte;

f) wer Straftaten wider die Sittlichkeit, das Vermögen oder die persönliche Freiheit unter Ausnützung der Machtmittel der faschistischen und antidemokratischen Herrschaft zu eigenen Zwecken begangen hat;

g) wer als öffentlicher Beamter, unter vorsätzlicher schwerer Verletzung seiner Amtspflichten, insbesondere die rechtmäßigen Anweisungen seiner vorgesetzten Behörden nicht oder böswillig nicht rechtzeitig oder nicht in der vorgeschriebenen Weise erfüllt, wenn hierdurch die ungestörte Durchführung der Verfügungen der volksdemokratischen Regierung schwer gefährdet oder die Neugestaltung des Landes im volksdemokratischen Geiste wesentlich gehemmt wird.

(2) Das Strafverfahren kann wegen der in Abs. 1 g bezeichneten Straftat nur auf Anzeige des zuständigen Ministers eingeleitet werden.

**87[1])**

Für die in Punkt 86 Abs. 1 a—g bezeichneten Handlungen kann — sofern nicht eine andere Rechtsvorschrift eine schwerere Strafe für die Handlung vorsieht — als Hauptstrafe auf Kerker von fünf bis zu zehn Jahren erkannt werden.

**88[2])**

Eines volksfeindlichen Verbrechens ist auch schuldig:

a) wer die Begehung der in Punkt 86 b bezeichneten Handlungen nicht zu verhindern versucht hat, obwohl er dazu innerhalb seines gesetzlichen Wirkungsbereichs in der Lage gewesen wäre;

b) wer ohne dazu unmittelbar oder mittelbar genötigt gewesen zu sein, dem durch die Deutschen in Ungarn organisierten Volksbund als Mitglied beigetreten ist oder in einer faschistischen bzw. antidemokratischen Partei oder Organisation oder Einheit ein Amt bekleidet oder als Mitglied eine tätige Rolle gespielt hat;

c) wer in Druckwerken, Vervielfältigungen vor Versammlungen, im Rundfunk oder sonstwie öffentlich zum Erlaß von volksfeindlichen oder antidemokratischen Verfügungen gedrängt hat oder die schon erlassenen verherrlicht hat — mit Ausnahme der in Punkt 82 f, bzw. Punkt 86 d bezeichneten Fälle;

d) wer ohne zwingende Notwendigkeit in den Dienst einer volksfeindlichen oder antidemokratischen Propaganda getreten ist;

e) wer durch sein Verhalten antifaschistische, antipfeilkreuzlerische, deutschfeindliche und kriegsfeindliche Meinungsäußerungen verhindert hat;

f) wer hinsichtlich einer, in den Punkten 82, 84, 86 oder in diesem Punkt bezeichneten Handlungen — mit Ausnahme des Punktes 215 — die in den Punkten 211 oder 212 bezeichnete Begünstigung begeht;

g) wer vom Täter oder Beteiligten einer Hinrichtung oder Folterung, die in Zusammenhang mit einer in Punkt 82 e bezeichneten Handlung begangen wurde, Kenntnis hat und davon den Behörden nicht unverzüglich Anzeige erstattet.

---

[1]) § 11 der VO des Ministerpräsidenten Nr. 1440/1945 (V.1) M.E.

[2]) § 12 der VO des Ministerpräsidenten Nr. 1440/1945 (V.1) M.E.

**89**[1])

Für die in Punkt 88 a—g bezeichneten Handlungen kann — sofern nicht eine andere Rechtsvorschrift für die Handlung eine schwerere Strafe vorsieht — als Hauptstrafe auf Kerker von zwei bis zu fünf Jahren erkannt werden.

**90**[2])

Wer als Amtsvorsteher, Arbeitgeber (bzw. Vertreter des Arbeitgebers) oder als eine im Rechtfertigungsverfahren mit Rechtsnachteil belegte Person dem rechtskräftigen Rechtfertigungsbeschluß nicht Folge leistet, bzw. ihn nicht vollstreckt oder die darin enthaltene Rechtseinschränkung oder das Verbot sonstwie verletzt oder umgeht,

begeht ein Verbrechen und wird mit Kerker von sechs Monaten bis zu zwei Jahren bestraft.

**91**[3])

(1) Bei Strafhandlungen, die in Punkt 82 und in den folgenden Punkten dieses Kapitels bezeichnet sind, kann auch auf Vermögenseinziehung erkannt werden.

(2) Die Einziehung kann durch den Vermögenseinziehungsbeschluß auch auf diejenigen Vermögensgegenstände erstreckt werden, die nach dem 19. März des Jahres 1944 durch Erbfall oder auf Grund eines unentgeltlichen Rechtsgeschäftes zwischen Lebenden von dem Verüber auf andere übergegangen sind;

desgleichen auch auf solche Vermögensgegenstände, die der Verüber zur Umgehung der Vermögenseinziehung nach dem 1. August des Jahres 1919 mit einem unter Lebenden geschlossenen — einerlei ob entgeltlichen oder unentgeltlichen — Rechtsgeschäft an Angehörige (§ 29 StGBA) oder an Personen übertragen hat, die den auf Umgehung gerichteten Zweck der Übertragung beim Erwerb gekannt haben; ausgenommen ist der Fall, daß das Zivilgericht auf eine innerhalb von dreißig Tagen — von der Rechtskraft des Vermögenseinziehungsbeschlusses an gerechnet — eingereichte Klage der durch die Einziehung der betreffenden Vermögensgegenstände betroffenen Person feststellt, daß die obengenannten Voraussetzungen der Vermögenseinziehung nicht vorliegen. Bei Verhängung der Todesstrafe, und auch wenn die verhängte Freiheitsstrafe fünf Jahre übersteigt, ist auf Einziehung des gesamten Vermögens zu erkennen. Das Gericht kann jedoch einen Teil des Vermögens zugunsten der unterhaltsberechtigten Angehörigen des Verübers im Falle ihrer Bedürftigkeit in einem dem notwendigen Lebensunterhalt entsprechenden Maße von der Einziehung befreien.

**92**[4])

Für Strafhandlungen, die in Punkt 82 und in den folgenden Punkten dieses Kapitels bezeichnet sind, ist dann auf Todesstrafe zu erkennen, wenn sie für die Handlung in den Strafgesetzen oder in diesem Kapitel festgesetzt ist und zu der objektiven Schwere der Handlung und der subjektiven Schuld des Angeklagten allein die Todesstrafe im Verhältnis steht. Der § 53 StGBA kann nicht angewendet werden.

---

[1]) § 13 der VO des Ministerpräsidenten Nr. 1440/1945 (V.1) M.E.

[2]) § 7 des XXXIV. Gesetzes vom Jahre 1947.

[3]) Abs. 1 entspricht den § 1 Abs. 3 und Abs. 7 der VO des Ministerpräsidenten Nr. 1440/1945 (V.1) M.E; Abs. 2 dagegen dem § 1 Abs. 2 des XXXIV. Gesetzes vom Jahre 1947.

[4]) § 2 Abs. 3 der VO des Ministerpräsidenten Nr. 1440/1945 (V.1) M.E.

93[1])

(1) Für die Verjährung der Straftaten, die in Punkt 82 und in den folgenden Punkten dieses Kapitels bezeichnet sind, gilt § 25 StGBA, wobei die Verjährung von Straftaten, die nach dem 21. Juni des Jahres 1941 bis zum Abschluß des Waffenstillstandes begangen wurden, mit dem Tage des Waffenstillstandes (20. Januar 1945) beginnt.

(2) Die Verjährung der im Jahre 1919 und später begangenen politischen Straftaten, die Todesopfer gefordert haben,

und die Verjährung von mittels der Presse begangenen Straftaten, deren Tatbestand in diesem Kapitel festgesetzt wird und deren strafrechtliche Verfolgung die damalige Macht verhindert hat, beginnt am 21. Dezember 1944.

94[2])

(1) Wenn ein Jugendlicher eine in Punkt 82 und in den folgenden Punkten dieses Kapitels bezeichnete Straftat nach der Vollendung seines fünfzehnten Lebensjahres begangen hat, kann die dafür festgesetzte Strafe — ohne Rücksicht auf die Einschränkungen des § 8 Abs. 2, sowie der §§ 9 und 10 der gk. VO Nr. 34 vom Jahre 1951 — gegen ihn verhängt werden. Auf Todesstrafe kann nur dann erkannt werden, wenn der Jugendliche bei der Begehung der Handlung das sechzehnte Lebensjahr schon vollendet hat. Geldstrafe und Untersagung der Berufsausübung kann auch gegen einen Jugendlichen, der das fünfzehnte Lebensjahr noch nicht erreicht hat, wegen der in Punkt 82 ff. dieses Kapitels bezeichneten Straftaten ohne Rücksicht auf die Einschränkungen der §§ 9 und 10 der gk. VO Nr. 34 vom Jahre 1951 verhängt werden.

(2) Richterliche Verwarnung und Strafaussetzung zur Bewährung ist wegen einer in Punkt 82 und in den folgenden Punkten dieses Kapitels bezeichneten Strafhandlung nicht statthaft.

# ZWEITER TEIL

# Strafhandlungen gegen die Staatsgewalt und die Ordnung der Staatsverwaltung

## V. KAPITEL

## Angriffe gegen die Staatsgewalt und andere Staatsorgane

### Gewalttätigkeit gegen Behörden und behördliche Organe

95[3])

(1) In den Strafgesetzen werden unter der Bezeichnung „Behörde" die Gerichts- und Strafverwaltungsbehörden, unter der Bezeichnung „Staatsverwaltungsbehörden" dagegen, mit Ausnahme der Gerichtsbehörden alle staatlichen Behörden verstanden, — einerlei ob Zivil- oder Militär-, Komitats-, Kreis-, städtische (Stadtbezirk) oder Gemeindebehörde.

---

[1]) § 5 der VO des Ministerpräsidenten Nr. 1440/1945 (V.1) M.E.; § 9 Abs. 1 der VO des Ministerpräsidenten Nr. 81/1945 (II.5) M.E.

[2]) § 15 der VO des Ministerpräsidenten Nr. 1440/1945 (V.1) M.E., dessen Text durch die gesetzeskräftige Verordnung Nr. 34 vom Jahre 1951 abgeändert wurde.

[3]) § 1 des XL. Gesetzes vom Jahre 1914.

(2) Außerdem sind, im Hinblick auf die Anwendung der Strafgesetze, alle Disziplinarbehörden von öffentlichen Beamten (Punkt 116) und die Disziplinarbehörden der Rechtsanwälte, sowie auf Grund Gesetzes gebildeten Schiedsgerichte als Behörden zu betrachten.

(3) Der den Mitgliedern der Behörden bzw. der behördlichen Organe gebührende strafrechtliche Schutz erstreckt sich auf alle öffentlichen Beamten (Punkt 116).

**96[1])**

(1) Eine Zusammenrottung mit dem Ziel, eine Behörde oder ein Mitglied der Behörde durch Gewalt oder gefährliche Drohungen in der Ausübung ihrer Tätigkeit zu hindern oder sie zu einer Verfügung zu zwingen oder um die die behördliche Gewalt ausübende Person oder das Mitglied der Behörde in der Ausübung des Amtes oder aus Rache wegen der Ausübung des Amtes tätlich zu mißhandeln,

bildet ein Verbrechen und wird mit Kerker von sechs Monaten bis zu fünf Jahren bestraft.

(2) Wer — außer einer Zusammenrottung — die Behörde oder ein Mitglied der Behörde durch Gewalt oder gefährliche Drohung in der rechtmäßigen Ausübung ihres Amtes behindert oder sie zu einer Verfügung zwingt oder wer eine in Abs. 1 bezeichnete Person während der Ausübung des Amtes oder aus Rache wegen der Ausübung des Amtes tätlich mißhandelt,

wird wegen Verbrechens mit Kerker von sechs Monaten bis zu drei Jahren bestraft.

(3) Die gleiche Strafe tritt nach den genannten Unterscheidungen auch dann ein, wenn eine der erwähnten Handlungen gegen ein Mitglied des Reichstages oder seiner Ausschüsse oder gegen ein Mitglied des Vorsitzendenrates der Volksrepublik begangen wird.

**97[2])**

(1) Wurde die in Punkt 96 Abs. 1 bezeichnete Strafhandlung bewaffnet begangen, werden die Anstifter und Anführer mit Kerker von einem bis zu fünf Jahren, die übrigen mit Kerker von sechs Monaten bis zu fünf Jahren bestraft.

(2) Wer die in Punkt 96 Abs. 2 bezeichnete Strafhandlung bewaffnet begeht, wird mit Kerker von sechs Monaten bis zu fünf Jahren bestraft.

(3) Die gleiche Strafe tritt nach den obengenannten Unterscheidungen auch dann ein, wenn eine der erwähnten Handlungen in der oben angeführten Weise gegen die in Punkt 96 Abs. 3 bezeichneten Personen begangen wird.

**98[3])**

(1) Eine Zusammenrottung mit dem Ziel, das behördliche Organ durch Gewalt oder gefährliche Drohungen in der Ausübung seiner Tätigkeit zu hindern oder zu einer Verfügung zu zwingen oder während der Ausübung des Amtes oder aus Rache wegen der Ausübung des Amtes tätlich zu mißhandeln, bildet ein Verbrechen und wird mit Kerker bis zu fünf Jahren bestraft.

---

[1]) § 2 des XL. Gesetzes vom Jahre 1914.

[2]) § 3 des XL. Gesetzes vom Jahre 1914.

[3]) § 4 des XL. Gesetzes vom Jahre 1914.

(2) Wer — außer einer Zusammenrottung — das behördliche Organ durch Gewalt oder gefährliche Drohung in der rechtmäßigen Ausübung seines Amtes verhindert oder zu einer Verfügung zwingt oder während der Ausübung des Amtes oder aus Rache wegen der Ausübung des Amtes tätlich mißhandelt, wird wegen Verbrechens mit Kerker bis zu drei Jahren bestraft.

(3) Die gleiche Strafe tritt nach den obengenannten Unterscheidungen auch dann ein, wenn eine der erwähnten Handlungen gegen ein in Punkt 96 Abs. 3 nicht erwähntes Organ oder aber gegen ein Mitglied der einem Angestellten des Reichstages oder seines Ausschusses unterstellten Wache begangen wird.

**99**[1]

Als behördliche Organe sind, im Hinblick auf die Anwendung der Strafgesetze — auch wenn über sie die Punkte 96 und 98 nichts bestimmen —, die öffentlich aufgestellten Militär- und Zivilwachen, ferner die durch die Behörden vereidigten Feldhüter, Gebirgshüter, Forsthüter, Förster, Wegebaumeister, Straßenräumer, Jagdaufseher, Dammwächter und Wasserwerkwächter und auch die Mitglieder des Aufsichts- und Bedienungspersonals der im Landesgebiet im öffentlichen Betriebe befindlichen Eisenbahnen und anderen zum Massentransport bestimmten öffentlichen Verkehrsbetriebe, sowie der im öffentlichen Betrieb befindlichen oder öffentlichen Zwecken dienenden Fernmeldeanlagen, desgleichen die Angestellten der ungarischen Post,

zu betrachten.

**100**[2]

(1) Wurde die in Punkt 98 Abs. 1 bezeichnete Strafhandlung bewaffnet begangen, ist die Strafe Kerker von sechs Monaten bis zu fünf Jahren.

(2) Wer dagegen die in Punkt 98 Abs. 2 bezeichnete Strafhandlung bewaffnet begeht, wird mit Kerker von sechs Monaten bis zu drei Jahren bestraft.

(3) Die gleiche Strafe tritt nach den obengenannten Unterscheidungen auch dann ein, wenn eine der erwähnten Handlungen in der oben angeführten Weise gegen die in Punkt 98 Abs. 3 bezeichneten Personen begangen wird.

**101**[3]

Die in den Punkten 98 und 100 festgesetzte Strafe tritt, nach den dort bezeichneten Unterscheidungen, auch dann ein, wenn eine der angeführten Handlungen gegen eine zur Verteidigung oder zum Schutze der in den Punkten 96 und 98 genannten Behörden, Ausschüsse oder Personen zugezogene oder sich dazu gesellten Personen, begangen wird.

**102**[4]

Wegen einer in den Punkten 96 und 98 bezeichneten Zusammenrottung bleibt derjenige straflos, der — bevor außer der Zusammenrottung auch anderes begangen wurde — entweder freiwillig oder auf Aufforderung des

---

1) § 5 des XL. Gesetzes vom Jahre 1914.
2) § 6 des XL. Gesetzes vom Jahre 1914.
3) § 9 des XL. Gesetzes vom Jahre 1914.
4) § 10 des XL. Gesetzes vom Jahre 1914.

Angegriffenen oder der Behörden oder eines behördlichen Organes den Schauplatz der Zusammenrottung verläßt und an derselben nicht weiter teilnimmt.

**103**[1])

Eine Verbindung (Punkt 14 Abs. 2) zur Begehung der in den vorstehenden Bestimmungen dieses Kapitels bezeichneten mit Kerker über drei Jahren strafbaren Verbrechen, wird, wenn noch keine Vorbereitungshandlung begangen wurde, mit Kerker bis zu einem Jahre, im anderen Fall mit Kerker bis zu zwei Jahren bestraft.

**104**[2])

### Verletzung der behördlichen Sperren (Siegelbruch)

**105**

Wenn der Eigentümer einer vom Gericht oder von einer anderen Behörde mit Sperre belegten Sache, an der bei ihm belassenen oder ihm anvertrauten Sache, eine der in Punkt 442 bezeichneten Handlungen begeht, wird die Handlung als Unterschlagung betrachtet und nach den Unterscheidungen des Punktes 443 Abs. 1 mit Kerker bis zu einem Jahr bzw. mit Kerker von sechs Monaten bis zu fünf Jahren bestraft.

**106**

Wer bei einer Sperre das durch ein gerichtliches oder ein anderes behördliches Organ angelegte Siegel unbefugt entfernt, erbricht oder verletzt oder den Ort oder den Behälter, der zur Verwahrung der in Sperre genommenen Sachen dient, unbefugt eröffnet, wird — sofern nicht der Fall des Punktes 105 vorliegt — wegen Verletzung der Sperre, mit Kerker bis zu sechs Monaten bestraft.

## VI. KAPITEL

### Schutz des Staatsgeheimnisses und des Amtsgeheimnisses[3])

**107**

(1) Staatsgeheimnisse sind alle Angaben oder Tatsachen (Weisungen, Verfügungen, Verfahren usw.), ferner alle Schriften oder Gegenstände (Urkunden, Pläne, Skizzen, Zeichnungen, Modelle, Muster usw.), die entweder durch eine Rechtsvorschrift oder eine amtliche Verordnung zu Staatsgeheimnissen erklärt wurden oder deren Kenntnisnahme durch Unbefugte die Sicherheit des Staates, seine politischen bzw. wirtschaftlichen Interessen verletzt oder gefährdet.

(2) Staatsgeheimnisse sind auch Angaben, Tatsachen, Schriften oder Gegenstände über ein staatliches Unternehmen bzw. andere staatliche Wirtschaftsorgane oder ihre Tätigkeit, deren Kenntnisnahme durch Unbefugte die Sicherheit des Staates, seine politischen bzw. wirtschaftlichen Interessen verletzt oder gefährdet.

(3) Als Staatsgeheimnis sind in jedem Fall amtliche Schriften oder Gegenstände zu bezeichnen, deren geheime Verwaltung durch Amtsvorschrif-

---

1) § 11 des XL. Gesetzes vom Jahre 1914.
2) Siehe Fußnote 1 zu §§ 72—88 über die Übertretungen.
3) Die Punkte 107—115 enthalten die §§ 1—9 der gk. VO Nr. 21 vom Jahre 1951.

ten, durch den Amtsleiter oder durch eine andere hierzu berechtigte Amtsperson angeordnet wurde.

108

(1) Amtsgeheimnisse sind alle Angaben, Tatsachen, Schriften oder Gegenstände, die entweder durch eine Rechtsvorschrift oder eine amtliche Verordnung als Amtsgeheimnis erklärt wurden oder deren Kenntnisnahme durch unbefugte Personen die Ordnung der Staatsverwaltung oder ihre ungestörte Tätigkeit verletzt oder gefährdet.

(2) Amtsgeheimnisse sind auch Angaben, Tatsachen, Schriften oder Gegenstände über ein staatliches Unternehmen bzw. andere staatliche Wirtschaftsorgane oder ihre Tätigkeit, deren Kenntnisnahme durch Unbefugte die Ordnung und Ungestörtheit der Tätigkeit des staatlichen Unternehmens verletzt oder gefährdet.

109

Wer ein Staatsgeheimnis sich rechtswidrig verschafft, bzw. wer ein Staatsgeheimnis, in dessen Besitz oder zu dessen Kenntnis er auf irgendeine Art gelangt, öffentlich bekanntmacht, einer unbefugten Person mitteilt, an eine unbefugte Person sonstwie gelangen läßt oder es entweder für sich selbst oder zugunsten eines anderen sonstwie benützt oder rechtswidrig vernichtet, unbrauchbar macht oder versteckt, wird mit Kerker bis zu zehn Jahren bestraft.

110

Wer ein Amtsgeheimnis sich rechtswidrig verschafft, bzw. wer ein Amtsgeheimnis, in dessen Besitz oder zu dessen Kenntnis er auf irgendeine Art gelangt, öffentlich bekanntmacht, einer unbefugten Person mitteilt, an eine unbefugte Person sonstwie gelangen läßt oder es entweder für sich selbst oder zugunsten eines anderen sonstwie benützt oder rechtswidrig vernichtet, unbrauchbar macht oder versteckt, wird mit Kerker bis zu fünf Jahren bestraft.

111

Wer eine Schrift oder einen Gegenstand, der Staatsgeheimnisse enthielt, verliert, wird mit Kerker bis zu fünf Jahren bestraft.

112

Wer die Regeln zur Verwaltung von Staatsgeheimnissen verletzt, wird mit Kerker bis zu drei Jahren bestraft.

113

Im Falle eines vorsätzlichen Verbrechens kann auch auf Vermögenseinziehung und Ausweisung erkannt werden.

114

Wer von der Planung eines in diesem Kapitel bezeichneten Verbrechens oder von der Begehung eines solchen glaubhaft erfährt und den Behörden nicht rechtzeitig Anzeige erstattet, wird mit Kerker bis zu zwei Jahren bestraft.

115

Dieses Kapitel beseitigt nicht Strafvorschriften über den Hochverrat, ferner nicht die Vorschriften der §§ 95, 96 und 100 des Militärstrafgesetzbuches.

## VII. KAPITEL

## Strafhandlungen im Amt

### Begriff des öffentlichen Beamten

**116[1])**

Als öffentliche Beamte werden, — im Hinblick auf die Anwendung der Strafgesetze — alle Personen betrachtet:

die zur Verrichtung von Aufgaben der Staatsverwaltung, der Justiz, des öffentlichen Unterrichtswesens, des Verteidigungswesens oder anderen wirtschaftlichen Aufgaben des Staates, des Komitats, des Kreises, der Stadt (Stadtbezirk) oder der Landgemeinde verpflichtet sind,

ferner alle Personen, die zu einer Tätigkeit in Anstalten, Instituten, öffentlichen Werken oder Betrieben des Staates, des Komitats, des Kreises, der Gemeinden kraft ihres Amtes, Dienstes oder besonderer Betrauung verpflichtet sind;

inbegriffen alle Mitglieder der Volksarmee, die aktiven Dienst leisten;

sowie die kraft besonderer Betrauung bei der Verrichtung von Aufgaben mitwirken, die zur öffentlichen Versorgung oder Materialbewirtschaftung gehören (z. B. als aufkaufende oder verteilende Kaufleute).

### Bestechung — Verbotene Vorteile — Geschäfte durch Einfluß[2])

**117**

Wer einem öffentlichen Beamten, oder einem anderen zum gleichen Zweck persönliche Vorteile oder Vermögensvorteile gewährt oder verspricht, um ihn zu einer Pflichtverletzung in seinem amtlichen Wirkungskreis oder Dienst zu bestimmen,

begeht ein Verbrechen und wird mit Kerker von sechs Monaten bis zu fünf Jahren bestraft.

**118**

(1) Ein öffentlicher Beamter, der sich für persönliche Vorteile oder Vermögensvorteile zu einer Pflichtverletzung — durch Handlung oder Unterlassung — in seinem amtlichen Wirkungskreis oder Dienst bereit erklärt oder erbietet, oder

wissentlich einen solchen Vorteil annimmt, dessen Zweck ist, ihn zu einer Pflichtverletzung — durch Handlung oder Unterlassung — in seinem amtlichen Wirkungskreis oder Dienst bestimmen soll, oder aber

mit demjenigen, der einen solchen Vorteil für seine Pflichtverletzung annimmt, einverstanden ist,

begeht ein Verbrechen und wird mit Kerker von sechs Monaten bis zu fünf Jahren bestraft.

(2) Bei der Anwendung dieses Kapitels ist unter Annahme eines Vorteils auch die Annahme des Versprechens eines Vorteils zu verstehen.

(3) Die in Abs. 1 bezeichnete Handlung ist mit Kerker von einem bis zu zehn Jahren zu bestrafen:

a) der in wichtigeren Angelegenheiten zur Amtsgewalt befugte öffentliche Beamte — in jedem Fall der Richter und die Mitglieder der Anklage-

---

1) § 3 Abs. 1 des XVIII. Gesetzes vom Jahre 1940; § 17 Abs. 2 der VO des Ministerpräsidenten Nr. 8800/1946/VII. 28./M. E.

2) Die Punkte 117—122 enthalten die §§ 1—6 des X. Gesetzes vom Jahre 1942.

behörden — ebenso auch andere öffentliche Beamte, wenn die Handlung unter Verletzung einer besonders wichtigen Pflicht begangen wird;

b) der öffentliche Beamte, der für den Vorteil seine Pflichten in seinem amtlichen Wirkungskreis oder Dienst durch Handlung oder Unterlassung verletzt und dadurch einen schweren Schaden verursacht hat.

**119**

(1) Wer — außer dem in Punkt 117 bezeichneten Falle — einem öffentlichen Beamten oder, mit dessen Zustimmung, einem anderen in Verbindung mit dessen amtlicher oder dienstlicher Tätigkeit, einen persönlichen Vorteil oder Vermögensvorteil gibt oder verspricht, der den öffentlichen Beamten zum Nachteil des Allgemeininteresses beeinflussen kann,

begeht ein Verbrechen und wird mit Kerker bis zu einem Jahre bestraft.

(2) Wer den Vorteil auf Aufforderung des öffentlichen Beamten gegeben oder versprochen hat, bleibt straffrei, wenn er im Falle seiner Weigerung einen rechtswidrigen Nachteil befürchten mußte.

**120**

(1) Der öffentliche Beamte, der — außer den in Punkt 118 bezeichneten Fällen — in Zusammenhang mit seiner amtlichen oder dienstlichen Tätigkeit einen persönlichen Vorteil oder Vermögensvorteil fordert, oder

einen solchen persönlichen Vorteil oder Vermögensvorteil, der seine amtliche oder dienstliche Tätigkeit zum Nachteil des öffentlichen Interesses beeinflussen kann, annimmt, oder

mit dem Empfänger eines solchen Vorteiles einverstanden ist,

begeht ein Verbrechen und wird mit Kerker bis zu zwei Jahren bestraft.

(2) Der in wichtigeren Angelegenheiten zur Amtsgewalt befugte öffentliche Beamte — in jedem Fall der Richter und die Mitglieder der Anklagebehörden — wird für die in Abs. 1 bezeichnete Handlung mit Kerker bis zu fünf Jahren bestraft.

**121**

(1) Wer für sich oder für einen anderen Vermögensvorteile fordert oder annimmt, um seinen bestehenden oder nur vorgetäuschten Einfluß bei einer Behörde oder bei einem öffentlichen Beamten zur Förderung von Privatinteressen geltend zu machen,

begeht ein Verbrechen und wird mit Kerker bis zu einem Jahr bestraft.

(2) Wenn derjenige, der mit seinem Einfluß Geschäfte macht,

a) bei der Begehung der Handlung die Bestechung (Punkt 117) oder die verbotene Beschenkung (Punkt 119) eines öffentlichen Beamten behauptet oder vortäuscht, oder

bei der Begehung der Handlung oder bei der Geltendmachung seines Einflusses sich einem öffentlichen Beamten als Mitglied des Reichstages, des Komitats-, Kreis-, Stadt- (Stadtbezirk-) oder Gemeinderates ausgibt,

unbefugt Uniformen, Abzeichen, Titel, Würden, Auszeichnungen oder Ehrenzeichen trägt, oder

die Handlung gewerbsmäßig begeht,

wird er mit Kerker von sechs Monaten bis zu fünf Jahren bestraft.

(3) Dieser Punkt läßt die Vorschriften des IV. Gesetzes vom Jahre 1937 über die Ausübung des Rechtsanwaltsberufes unberührt.

122

(1) Die Sache, die in den Fällen der Punkte 117—121 Gegenstand der geleisteten Vermögensvorteile war, ist auch dann einzuziehen, wenn das Strafverfahren gegen denjenigen, der ihrer teilhaftig geworden ist, nicht eingeleitet oder fortgesetzt werden kann. Wenn der Gegenstand des geleisteten Vermögensvorteils nicht eine Sache war oder die Einziehung der Sache nicht angeordnet oder vollzogen werden kann,

ist derjenige, der des Vermögensvorteils teilhaftig wurde, zur Zahlung des Gegenwertes des Vorteils zu verpflichten.

(2) Wer den Vermögensvorteil geleistet hat, kann in den Fällen des Punktes 119 Abs. 2 und des Punktes 121 den Gegenwert des Vorteils von dem, der darin enthalten war, zurückfordern, ohne Rücksicht, ob der Gegenstand des Vorteils eingezogen oder der Verpflichtete zur Zahlung des Gegenwertes des Vorteils zugunsten des Staates verpflichtet wurde.

Amtsmißbrauch

123

Ein öffentlicher Beamter, der durch sein Vorgehen oder seine Verfügungen eine Amtspflicht verletzt, um einem anderen widerrechtlich einen Vorteil zuzuwenden oder einen Schaden oder eine sonstige Verletzung zuzufügen,

begeht das Verbrechen des Amtsmißbrauches, und wird mit Kerker bis zu fünf Jahren bestraft.

124

(1) Wegen des Verbrechens des Mißbrauchs der Amtsgewalt wird mit Kerker von einem bis zu fünf Jahren der öffentliche Beamte bestraft, der ohne rechtlichen Grund die bewaffnete Macht einschreiten läßt oder zum einschreiten auffordert.

(2) Wurde aber in diesem Falle durch den tätlichen Gebrauch von Waffen ein schwerer zu bestrafendes Verbrechen begangen, so ist die darauf gesetzte Strafe zu verhängen.

125

Ein öffentlicher Beamter, der in Ausübung seines Amtes einen anderen tätlich mißhandelt oder mißhandeln läßt, begeht — insofern seine Handlung nicht unter eine schwerere Zurechnung fällt —, das Verbrechen des Mißbrauchs der Amtsgewalt und wird mit Kerker bis zu sechs Monaten bestraft.

126

Das in den Punkten 124 und 125 bezeichnete Verbrechen wird einem öffentlichen Beamten oder einem Angehörigen der bewaffneten Macht nicht zugerechnet, der bei dessen Begehung einen von seinem gesetzlichen Vorgesetzten innerhalb dessen Zuständigkeit erteilten Auftrag ausführt.

127

Wegen des Verbrechens des Mißbrauchs der Amtsgewalt wird mit Kerker bis zu fünf Jahren der öffentliche Beamte bestraft, der seine Amtsgewalt mißbraucht, um einen anderen rechtswidrig zu einer Duldung oder Unterlassung zu nötigen.

128

Mit Kerker von sechs Monaten bis zu fünf Jahren wird ein öffentlicher Beamter bestraft, der gesetzwidrige Zwangsmittel anwendet oder anwenden läßt, um von einem Angeklagten, Zeugen oder Sachverständigen eine Aussage oder eine Erklärung zu erpressen.

129

(1) Ein öffentlicher Beamter, der, um einen anderen der gesetzlichen Strafe zu entziehen, unter Mißbrauch der Amtsgewalt die Erfüllung einer Amtspflicht hinsichtlich des Strafverfahrens versäumt, eine auf Vereitelung des Ergebnisses der Strafverfolgung abzielende Handlung unternimmt oder eine darauf gerichtete Verfügung trifft,

begeht ein Verbrechen und wird mit Kerker von einem bis zu drei Jahren bestraft.

(2) Die gleiche Strafe trifft auch einen öffentlichen Beamten, der die Erfüllung seiner Pflicht, ein rechtskräftiges Strafurteil zu vollstrecken, in der oben bezeichneten Absicht unterläßt.

130

(1) Wegen des Verbrechens des Mißbrauchs der Amtsgewalt wird mit Kerker bis zu drei Monaten ein öffentlicher Beamter bestraft, der die Erfüllung seiner Amtspflicht verweigert.

(2) Die in Abs. 1 bezeichnete Weigerung, eine Amtspflicht zu erfüllen, wird — sofern nicht ein Fall des Punktes 67 vorliegt — wenn sie hinsichtlich einer mit der Landesverteidigung in Zusammenhang stehenden Pflicht oder im Krieg begangen wird,

mit Kerker von sechs Monaten bis zu fünf Jahren bestraft. Die Bestimmungen des Punktes 78 Abs. 1—4 erstrecken sich auch auf die in diesem Absatz bezeichneten Verbrechen.

131

(1) Die Weigerung, eine Amtspflicht zu erfüllen, ist ein Verbrechen und wird mit Kerker bis zu drei Jahren bestraft, wenn sie infolge einer Verabredung von zwei oder mehreren öffentlichen Beamten erfolgt.

(2) Das in Abs. 1 bezeichnete Verbrechen der Weigerung, eine Amtspflicht zu erfüllen, wird — sofern nicht ein Fall des Punktes 67 Abs. 2 oder 3, bzw. des Punktes 68 vorliegt — mit Kerker von einem bis zu fünf Jahren bestraft, wenn die Handlung hinsichtlich einer mit der Landesverteidigung in Zusammenhang stehenden Pflicht oder im Krieg begangen wird. Die Bestimmungen des Punktes 78 Abs. 1—4 erstrecken sich auch auf die in diesem Absatz bezeichneten Verbrechen.

132

Ein öffentlicher Beamter, der unter Mißbrauch seiner Amtsgewalt einen anderen widerrechtlich verhaften läßt, verhaftet oder in Haft behält, begeht das Verbrechen gegen die persönliche Freiheit und wird mit Kerker bis zu einem Jahre bestraft.

133

Ein öffentlicher Beamter, zu dessen Amtspflichten der Vollzug von Strafurteilen oder die Aufsicht über die zur Vollstreckung von Freiheitsstrafen oder zur Verwahrung von Gefangenen dienenden Örtlichkeiten gehört,

begeht, wenn er durch die Verletzung seiner Pflicht einen Gefangenen über die im Urteil oder in der Anordnung des zuständigen Beamten bestimmte Zeit hinaus in Haft behält, das in Punkt 132 bezeichnete Verbrechen und wird mit Kerker bis zu einem Jahre bestraft.

### 134

(1) In den Fällen der Punkte 132 und 133 ist die Gesetzesverletzung mit Kerker bis zu zwei Jahren zu bestrafen, wenn der rechtswidrige Freiheitsentzug länger als sieben Tage, aber nicht länger als fünfzehn Tage dauert.

(2) Die Strafe ist Kerker von sechs Monaten bis zu drei Jahren, wenn der rechtswidrige Freiheitsentzug länger als fünfzehn Tage, aber nicht länger als einen Monat dauert.

(3) Hat der rechtswidrige Freiheitsentzug länger als einen Monat, aber weniger als drei Monate gedauert, tritt Kerker von einem bis zu fünf Jahren, und wenn der Freiheitsentzug über drei Monate gedauert hat, Kerker von fünf bis zu zehn Jahren ein.

(4) Wurde in den Fällen der Punkte 132, 133 und dieses Punktes an der gefangenen Person eine Gewalttätigkeit oder Mißhandlung begangen, so können — sofern nicht eine schwerer zu bestrafende Handlung vorliegt — die in den angeführten Punkten festgesetzten Freiheitsstrafen noch um je ein Jahr verlängert werden.

### 135

Ein Aufsichtsbeamter (Direktor), der den bestehenden Vorschriften zuwider, eine Person in die zur Vollstreckung von Freiheitsstrafen bestimmte, seiner Aufsicht unterstehende Örtlichkeit aufnimmt;

und derjenige, der von der Einlieferung einer Person — mag diese auch auf Anordnung der Polizei oder einer anderen Staatsverwaltungsbehörde erfolgt sein — seinem unmittelbaren Vorgesetzten binnen vierundzwanzig Stunden nicht Meldung erstattet,

begeht ein Verbrechen und wird mit Kerker bis zu dreißig Tagen bestraft.

### 136

Ein öffentlicher Beamter, der von der gesetzwidrigen Verhaftung oder Gefangenhaltung einer Person amtlich Kenntnis erhält und hiervon nicht sofort dem zuständigen Vorgesetzten Anzeige erstattet;

ebenso der Vorgesetzte, der durch eine solche Anzeige oder auf andere Art von dem Sachverhalt amtlich Kenntnis erhält und die Prüfung desselben und die erforderliche Entscheidung länger als achtundvierzig Stunden hinausschiebt:

begeht ein Verbrechen gegen die persönliche Freiheit und wird mit Kerker bis zu dreißig Tagen bestraft.

### 137

(1) Neben den in den Punkten 132—136 festgesetzten Freiheitsstrafen ist auf Verlangen des widerrechtlich Inhaftierten und zu dessen Gunsten für jeden Tag der Gefangenhaltung auf einen Schadensersatz von dreißig bis zu sechzig Forint zu erkennen.

(2) In diesem Falle greift eine weitere Schadensersatzklage nicht Platz.

### 138

(1) Ein öffentlicher Beamter, der unter Mißbrauch seiner Amtsgewalt gesetzwidrig in eine Wohnung, in Geschäftsräume oder dazugehörige oder

damit zusammenhängende Räume oder in einen umfriedeten Raum gegen den Willen des dort Wohnenden oder des über die Wohnung Verfügenden eindringt oder daselbst verweilt:

begeht das Verbrechen der Verletzung des Hausrechts und wird mit Kerker bis zu sechs Monaten bestraft.

(2) Wurde außerdem noch eine Haussuchung vorgenommen, tritt Kerker bis zu einem Jahre ein.

**139**

Ein Postangestellter, der der Post übergebene Briefe oder Pakete außer in den im Gesetz bestimmten Fällen öffnet, zurückhält oder vernichtet, einem anderen eine solche Handlung gestattet oder hierbei Vorschub leistet,

begeht das Verbrechen der Verletzung des Briefgeheimnisses und wird mit Kerker bis zu sechs Monaten bestraft.

**140**

Ein Telegrafenangestellter, der ein der Telegrafenanstalt anvertrautes Telegramm verfälscht, gesetzwidrig öffnet, zurückhält oder vernichtet, dessen Inhalt rechtswidrig einem andern mitteilt oder einem andern eine solche Handlungen gestattet oder hierbei Vorschub leistet,

begeht das Verbrechen der Verletzung des Telegrammgeheimnisses und wird mit Kerker bis zu sechs Monaten bestraft.

## Amtsunterschlagung

**141**

Ein öffentlicher Beamter, der Gelder oder Geldeswert besitzende Sachen unterschlägt, die er in amtlicher Eigenschaft empfangen hat oder die seiner Verwaltung oder Obhut anvertraut sind,

begeht das Verbrechen der Amtsunterschlagung und wird mit Kerker von zwei bis zu fünf Jahren bestraft.

**142**

Die Amtsunterschlagung wird mit Kerker von fünf bis zu zehn Jahren bestraft, wenn der Verüber, um die Entdeckung zu verhindern oder zu erschweren, in die zur Eintragung oder zur Überwachung der Einnahmen dienenden Bücher, Rechnungen oder Protokolle falsche Eintragungen macht oder Eintragungen fälscht;

Bücher, Rechnungen, Protokolle oder andere auf die Unterschlagung bezügliche Urkunden oder Schriftstücke vernichtet oder unbrauchbar macht;

oder wenn er in Zusammenhang mit der Unterschlagung noch ein anderes Verbrechen begeht, sofern dieses nicht unter eine schwerere Zurechnung fällt.

**143[1])**

(1) Das Verbrechen der in den Punkten 141 und 142 bezeichneten Amtsunterschlagung wird mit Kerker von zehn bis zu fünfzehn Jahren bestraft, wenn die Tat im Krieg hinsichtlich eines den Zwecken der Streitmacht dienenden oder die Versorgung oder Unterstützung der Bevölkerung bestimmten Vorrates begangen wird;

[1]) §§ 192 und 213 des II. Gesetzes vom Jahre 1939.

wenn jedoch durch die Handlung die Interessen der Landesverteidigung im Krieg schwer verletzt wurden, ist die Strafe lebenslanger Kerker.

(2) Die Vorschriften des Punktes 78 erstrecken sich auch auf die in diesem Punkte bezeichneten Verbrechen.

## VIII. KAPITEL

## Strafhandlungen, die die öffentliche Ordnung und Sicherheit gefährden

### Urkundenfälschung

**144**

(1) Wer eine falsche öffentliche Urkunde herstellt oder eine echte öffentliche Urkunde durch Veränderung ihres Inhalts verfälscht,

begeht, wenn hieraus für einen andern eine Rechtsverletzung erwächst oder erwachsen kann, gleichviel ob die Urkunde eine in- oder ausländische ist, das Verbrechen der Fälschung einer öffentlichen Urkunde und wird mit Kerker von sechs Monaten bis zu fünf Jahren bestraft.

(2) Wer eine im vorstehenden Punkt bezeichnete Handlung in der Absicht begeht, sich oder einem Dritten einen rechtswidrigen Vermögensvorteil zu verschaffen oder einen andern an seinem Vermögen zu schädigen, wird mit Kerker von einem bis zu fünf Jahren bestraft.

**145**

(1) Öffentliche Beamte, die in ihrem amtlichen Wirkungskreis falsche öffentliche Urkunden ausstellen oder echte öffentliche Urkunden verfälschen, werden, wenn hieraus für einen anderen eine Rechtsverletzung erwächst oder erwachsen kann, mit Kerker von fünf bis zu zehn Jahren bestraft.

(2) Wegen Fälschung öffentlicher Urkunden werden nach Abs. 1 öffentliche Beamte bestraft, wenn sie in Protokolle oder andere amtliche Bücher, die sie kraft ihrer amtlichen Eigenschaft führen, oder in die von ihnen in amtlicher Eigenschaft aufgenommenen Urkunden einen wesentlichen Umstand falsch eintragen oder in beglaubigter Form falsche Auszüge ausfertigen oder in einem amtlichen Protokoll oder in einem anderen amtlichen Buch eine wesentliche Eintragung verfälschen.

**146**

(1) Wegen Fälschung öffentlicher Urkunden werden mit Kerker von sechs Monaten bis zu drei Jahren bestraft: öffentliche Beamte, die von einer Urkunde falsche Abschriften in beglaubigter Form ausfertigen oder eine Ausfertigung als Abschrift einer nicht existierenden Originalurkunde in beglaubigter Form beurkunden.

(2) Die Bestimmungen des Abs. 1 erstrecken sich auch auf falsche Übersetzungen, die in beglaubigter Form ausgefertigt werden.

**147**

Die Standesmatrikeln und die aus diesen in beglaubigter Form ausgefertigten Auszüge und Zeugnisse sind öffentliche Urkunden. Personen, die mit der Führung der Matrikeln betraut und zur Ausfertigung von beglaubigten Auszügen, Zeugnissen und Urkunden aus diesen berechtigt sind, werden hinsichtlich dieser Handlungen als öffentliche Beamte betrachtet.

**148[1])**

Die Fälschung der durch die Ungarische Nationalbank ausgestellten, in Punkt 289 nicht erwähnten Schriftstücke wird als Urkundenfälschung bestraft.

**149**

(1) Der Fälschung öffentlicher Urkunden wird gleichgestellt und mit Kerker von fünf bis zehn Jahren bestraft: wenn öffentliche Beamte oder beglaubigte Übersetzer öffentliche Bücher, Protokolle oder Originalurkunden, die ihnen kraft ihres Amtes zur Führung oder Verwahrung anvertraut sind, in der Absicht, einem anderen einen wesentlichen Beweis eines Rechts zu vereiteln oder zu erschweren, vernichten, ganz oder teilweise unbrauchbar machen, unterdrücken oder dem Gegner ausliefern.

(2) Werden die hier bezeichneten Handlungen von öffentlichen Beamten oder beglaubigten Übersetzern hinsichtlich einer ihnen zur Verwahrung anvertrauten beglaubigten Abschrift begangen, tritt Kerker von sechs Monaten bis zu drei Jahren ein.

**150**

(1) Wer vorsätzlich daran mitwirkt, daß unwahre Tatsachen, Umstände oder Erklärungen, die für die Rechte oder Rechtsverhältnisse eines anderen erheblich sind, in ein öffentliches Buch oder in eine andere öffentliche Urkunde eingetragen werden, wird mit Kerker bis zu einem Jahre bestraft.

(2) Wer die vorbezeichnete Handlung in der Absicht begeht, sich oder einem Dritten einen widerrechtlichen Vorteil zu verschaffen, wird mit Kerker von sechs Monaten bis zu fünf Jahren bestraft.

**151**

Wegen Fälschung öffentlicher Urkunden wird nach den in den Punkten 144, 145 und 150 getroffenen Unterscheidungen bestraft, wer ein mit der Namensunterschrift eines anderen versehenes, unausgefülltes Schriftstück ohne Einwilligung des Unterzeichneten oder wissentlich, den getroffenen Verabredungen zuwider, ausfüllt, falls dieses als öffentliche Urkunde benützt wird, um gegen den Unterzeichneten den Bestand, das Erlöschen oder die Veränderung eines Rechtes zu beweisen.

**152**

Den Bestimmungen des Punktes 151 unterliegt auch, wer eine von anderen hergestellte falsche oder gefälschte öffentliche Urkunde in Kenntnis dieses Umstandes benützt.

**153**

Wegen des Verbrechens der Fälschung öffentlicher Urkunden wird mit Kerker bis zu zwei Jahren bestraft,

wer eine öffentliche Urkunde, die ihm überhaupt nicht oder nicht ausschließlich gehört, in der Absicht, einem anderen einen Schaden zuzufügen. widerrechtlich vernichtet, beschädigt oder unterdrückt.

---

[1]) § 11 des V. Gesetzes vom Jahre 1924.

**154[1])**

**155**

(1) Ein Arzt, der über den Gesundheitszustand eines Menschen ein falsches Zeugnis zum Gebrauch bei einer Behörde oder bei einer Versicherungsanstalt ausstellt, begeht ein Verbrechen und wird mit Kerker bis zu einem Jahre bestraft.

(2) Wegen des Verbrechens der Ausstellung eines falschen Zeugnisses wird mit der in Abs. 1 bestimmten Strafe bestraft: wer, ohne Arzt zu sein, unter Vorspiegelung dieser Eigenschaft oder unter dem Namen eines anderen Arztes oder unter erdichtetem Namen über den Gesundheitszustand eines Menschen zum Gebrauch bei einer Behörde oder bei einer Versicherungsgesellschaft ein Zeugnis ausstellt oder wer zu diesem Zwecke ein echtes Zeugnis verfälscht.

**156**

Wer wissentlich von einem falschen ärztlichen Zeugnis Gebrauch macht, um dadurch eine Behörde oder im Falle einer Versicherung eine Versicherungsgesellschaft über seinen Gesundheitszustand zu täuschen, wird mit Kerker bis zu einem Jahre bestraft.

**157**

Ein Organ des örtlichen Rates, der über das sittliche Betragen oder die Vermögensverhältnisse einer Person wissentlich ein falsches Zeugnis ausstellt, begeht ein Verbrechen und wird mit Kerker bis zu sechs Monaten bestraft.

### Verbrechen in Zusammenhang mit Personalausweisen[2])

**157 A**

(1) Wer einen falschen Personalausweis herstellt oder den Personalausweis verfälscht, ferner wer bei der Ausstellung eines falschen Personalausweises oder bei der Eintragung von falschen Angaben in den Personalausweis mitwirkt,

begeht ein Verbrechen und wird mit Kerker bis zu drei Jahren bestraft.

(2) Wer zur Ausweisung seiner Personalien den Personalausweis eines anderen gebraucht, bzw. zur Ausweisung seiner Personalien einen falschen oder gefälschten Personalausweis gebraucht,

begeht ein Verbrechen und wird mit Kerker von zwei bis zu fünf Jahren bestraft.

**157 B**

Wer den Personalausweis eines anderen entwendet oder den eigenen Personalausweis oder den eines anderen vernichtet oder beschädigt,

begeht ein Verbrechen und wird mit Kerker bis zu zwei Jahren bestraft.

---

[1]) Enthielt den Tatbestand einer Übertretung, die infolge der gk. VO Nr. 17 vom Jahre 1955 eine Regelverletzung wurde.

[2]) Die Punkte 157 A und 157 B enthalten die §§ 5 und 6 der VO des Ministerrates Nr. 1/1954 (I.9) M. T.

## Grenzzeichenfälschung

### 158

(1) Wer einen zur Bezeichnung der Landesgrenze dienenden Obelisken, eine Stein- oder Holzsäule, einen Graben, Stein- oder Erdhügel oder sonstige Zeichen vorsätzlich und widerrechtlich beschädigt oder die Aufschrift oder sonstige Bezeichnung des Grenzobelisken oder der Grenzsäule, teilweise oder ganz, unleserlich oder unkenntlich macht,

begeht ein Verbrechen und wird mit Kerker bis zu sechs Monaten bestraft.

(2) Mit Kerker bis zu drei Jahren wird bestraft, wer die im vorstehenden Absatz aufgezählten Grenzzeichen vorsätzlich und widerrechtlich, wenn auch nicht zum Zwecke der Störung der Besitzverhältnisse, vernichtet, aushebt, zerstört, unkenntlich macht oder an einen anderen Ort versetzt.

(3) Die Strafe der in Abs. 1 bezeichneten Handlungen ist, wenn dieselben hinsichtlich Komitats-, Kreis-, Stadt- oder Gemeindegrenzzeichen verübt werden, Kerker bis zu drei Monaten, der in Abs. 2 bezeichneten Handlungen Kerker bis zu einem Jahre.

### 159

Wer die zum Zweck der seitens der politischen oder militärischen Behörde angeordneten Feldmessung (Triangulierung) errichtete Pyramide, Säule, Pflöcke, oder die zu diesem Zweck angeordneten sonstigen Zeichen vorsätzlich und widerrechtlich beschädigt, vernichtet, entfernt oder an einen anderen Ort versetzt, begeht ein Verbrechen und wird mit Kerker bis zu drei Monaten bestraft.

## Verbrechen in Zusammenhang mit der Flurbereinigung

### 160[1])

### 160 A[2])

Wer:

a) ohne Erlaubnis Bodenteilung und Flurbereinigung durchführt;

b) Feldmessungsarbeiten gesetzwidrig ausführt;

c) die Bodenteilung, Flurbereinigung, bzw. die Arbeit der dies durchführenden Organe behindert oder zu vereiteln sucht;

d) die Besitzeinweisung oder Besitzergreifung an den, in die Bodenteilung oder Flurbereinigung einbezogenen Feldern, behindert oder zu vereiteln sucht;

e) die bei der Bodenteilung oder Flurbereinigung angebrachten Grenzzeichen beschädigt, vernichtet oder verrückt;

begeht ein Verbrechen und wird — soweit die Handlung nicht unter eine schwerere Zurechnung fällt — mit Kerker bis zu drei Jahren bestraft.

## Verbrechen der unerlaubten Gewerbeausübung

### 160 B[3])

Wegen Verbrechens wird mit Kerker bis zu einem Jahre bestraft, wer:

a) ohne Erlaubnis hauptberuflich eine gewerbliche Tätigkeit ausübt;

1) Außer Kraft gesetzt durch die gk. VO Nr. 15 vom Jahre 1956.
2) § 24 der gk. VO Nr. 15 vom Jahre 1956.
3) § 21 Abs. 1 der gk. VO Nr. 14 vom Jahre 1955.

b) als Kleinhandwerker die Regeln hinsichtlich der Einschränkung der Anstellung von Angestellten — besonders durch unerlaubte Einstellung von Afterunternehmern oder Heimarbeitern — wiederholt verletzt oder umgeht.

### Verbrechen gegen die Qualität der Industrieerzeugnisse

**160 C**[1])

(1) Der verantwortliche Leiter, der mit der Qualitätsprüfung oder Kontrolle Beauftragte oder ein anderer Werktätiger eines Industrie- oder Handelsunternehmens,

begeht ein Verbrechen, wenn infolge seiner Anordnungen oder Unterlassungen durch das Unternehmen auf betrügerische Weise qualitätsmäßig schlechte Industrieerzeugnisse in den Handelsverkehr gebracht werden.

(2) Der verantwortliche Leiter, der mit der Qualitätsprüfung oder Kontrolle Beauftragte oder ein anderer Werktätiger begeht ein Verbrechen, wenn infolge seiner Anordnungen oder Unterlassungen das Unternehmen aus Fahrlässigkeit massenweise, regelmäßig oder von großem Wert qualitativ schlechte Industrieerzeugnisse in den Handelsverkehr bringt.

(3) Mit Kerker bis zu drei Jahren werden die in Abs. 1 und 2 bezeichneten Verbrechen bestraft; wenn jedoch die Handlung einen schweren Schaden für die Interessen der Volkswirtschaft bedeutet, ist auf Kerker bis zu fünf Jahren und auf Vermögenseinziehung zu erkennen.

(4) Als verantwortliche Leiter werden im Hinblick auf die Anwendung der strafrechtlichen Vorschriften der vorstehenden Absätze betrachtet:

bei staatlichen Industrieunternehmen der Direktor, der Oberingenieur, der Abteilungs(gruppen)leiter für die Qualitätsprüfung,

bei staatlichen Handelsunternehmen der Direktor, der Hauptabteilungs-(Abteilungs)leiter für Warenumsatz,

bei Genossenschaften der Vorsitzende, bzw. der Leiter des entsprechenden Betriebszweiges.

### Durch Mißbrauch der Vereinigungsfreiheit begangene Verbrechen[2])

**160 D**

(1) Wer:

a) einer verbotenen Vereinigung oder verbotenen Organisation oder einer politischen Partei, deren Tätigkeit verboten ist, als Mitglied beitritt oder darin verbleibt;

b) einen anderen zum Beitritt oder Verbleiben in einer verbotenen Vereinigung, Organisation oder Partei zu bestimmen sucht,

begeht ein Verbrechen und wird mit Kerker bis zu zwei Monaten bestraft.

(2) Wenn die in Abs. 1 b bezeichnete Handlung gegenüber einer Person, die das achtzehnte Lebensjahr noch nicht erreicht hat, begangen wird, ist die Strafe Kerker bis zu sechs Monaten.

[1]) §§ 20—22 der gk. VO Nr. 12 vom Jahre 1953.

[2]) Die Punkte 160 D—160 H enthalten die §§ 4—8 des XVII. Gesetzes vom Jahre 1938.

**160 E**

(1) Wer zur Festigung der Zugehörigkeit zu einer Vereinigung oder zu irgendeiner Organisation oder des Gehorsams oder einer anderen Pflicht gegenüber der Leitung

— inbegriffen die Zugehörigkeit zu einer politischen Partei oder die Festigung des Gehorsams gegenüber der Leitung oder für eine andere Pflicht —

einen Schwur, ein Gelübde, ein feierliches Versprechen oder irgendeine andere Erklärung fordert,

die mit einer Gewissensverpflichtung verbunden ist oder bei der Ablegung oder Abnahme einer solchen Erklärung auf irgendeine Weise mitwirkt,

begeht ein Verbrechen und wird mit Kerker bis zu zwei Monaten bestraft.

(2) Wenn der Schwur, das Gelübde, das feierliche Versprechen oder eine andere mit Gewissensverpflichtung verbundene Erklärung sich auf die Festigung der Zugehörigkeit zu einer verbotenen Vereinigung, Organisation oder zu einer politischen Partei, deren Tätigkeit verboten ist, bezieht,

ist die Strafe des in Abs. 1 bezeichneten Verbrechens Kerker bis zu sechs Monaten.

(3) Wer von einer Person, die das achtzehnte Lebensjahr noch nicht erreicht hat, zur Festigung der Zugehörigkeit zu einer Vereinigung, zu irgendeiner Organisation oder politischen Partei,

oder zur Festigung des Gehorsams oder einer anderen Pflicht gegenüber der Leitung,

einen solchen Schwur, ein Gelübde, ein feierliches Versprechen oder irgendeine andere Erklärung, die mit einer Gewissensverpflichtung verbunden ist, verlangt oder bei der Ablegung einer solchen Erklärung auf irgendeine Art mitwirkt,

begeht ein Verbrechen und wird mit Kerker von sechs Monaten bis zu zwei Jahren bestraft.

**160 F**

Wer eine verbotene Vereinigung, Organisation oder eine politische Partei, deren Tätigkeit verboten ist, gründet oder

an der Gründung oder der Erhaltung einer solchen Vereinigung, Organisation oder politischen Partei auf irgendeine Art mitwirkt oder

in einer solchen Vereinigung, Organisation oder Partei irgendein Amt annimmt oder bekleidet oder einen anderen zur Annahme oder Bekleidung eines Amtes zu bestimmen versucht,

begeht ein Verbrechen und wird mit Kerker von sechs Monaten bis zu zwei Jahren bestraft.

**160 G**

Wer eine Person oder deren Angehörige (§ 29 StGBA), die aus einer verbotenen Vereinigung, Organisation oder aus einer politischen Partei, deren Tätigkeit verboten ist, auszutreten beabsichtigt oder ausgetreten ist,

wegen des Austritts schmäht oder tätlich mißhandelt oder ihr irgendeinen rechtswidrigen Nachteil zufügt oder ihr eine Mißhandlung, einen Nachteil oder die Veröffentlichung einer ehrenrührigen oder verleumderischen Erklärung androht, begeht ein Verbrechen und wird — sofern die Handlung nicht unter eine schwerere Zurechnung fällt — mit Kerker von sechs Monaten bis zu zwei Jahren bestraft.

**160 H**

Bei Verurteilungen auf Grund der Punkte 160 E Abs. 3, 160 F oder 160 G kann, unter Anwendung des § 45 StGBA, auf Ausweisung des Verübers aus der Gemeinde, in der sein Aufhalten hinsichtlich der gesetzlichen Ordnung des Staates und der Gesellschaft gefährlich ist, erkannt werden.

### Gewalttätigkeit gegen Privatpersonen

**161**

(1) Wenn eine Rotte in der Absicht, gegen Personen oder Sachen Gewalt zu verüben, in eine Wohnung, einen Geschäftsraum oder umfriedeten Besitz eindringt, wird jedes Mitglied der Rotte wegen des Verbrechens der Gewalttätigkeit gegen Privatpersonen mit Kerker von sechs Monaten bis zu zwei Jahren bestraft.

(2) Begeht eine Rotte an einem offenen Orte Gewalttätigkeiten gegen Personen oder Sachen, so wird jedes Mitglied mit Kerker von sechs Monaten bis zu drei Jahren bestraft.

### Brandstiftung

**162**

Wegen des Verbrechens der Brandstiftung wird mit Kerker von fünf bis zu zehn Jahren bestraft:

a) wer ein Haus, eine Hütte, eine Mühle, ein Gebäude oder irgendeine Räumlichkeit, die zur Wohnung von Menschen dient oder bestimmt ist oder als Versammlungsort von mehreren Menschen benutzt wird, vorsätzlich zu einer Zeit in Brand setzt, in der sich niemand darin aufhält;

b) wer ein Magazin, ein Wirtschaftsgebäude, beträchtliche freilagernde Waren- oder Produktenvorräte, vom Boden noch nicht getrennte oder in Haufen lagernde Feldfrüchte, einen Wald, beträchtliche Vorräte an Bau- und Feuerungsmaterialien, eine Brücke, ein Schiff oder ein Bergwerk vorsätzlich in Brand setzt.

**163**

Mit Kerker von zehn bis zu fünfzehn Jahren wird ein Brandstifter bestraft:

a) der einen in Punkt 162 unter a bezeichneten Gegenstand zu einer Zeit vorsätzlich in Brand setzt, in der ein oder mehrere Menschen sich darin befinden;

b) der eine Kirche, eine öffentliche Bibliothek, ein öffentliches Archiv oder ein Gebäude, in dem, dem öffentlichen Gebrauch dienende, wissenschaftliche Sammlungen oder Kunstsammlungen aufbewahrt oder in welchen Schießpulver oder andere Zünd- und Explosionsstoffe erzeugt oder verwahrt werden, in Brand setzt, auch wenn er zu einer Zeit handelt, in der sich niemand darin aufhält.

**164**

Mit lebenslangem Kerker wird die Brandstiftung bestraft:

a) wenn ein Mensch durch den Brand ums Leben kam, der sich zur Zeit der Brandstiftung in der in Brand gesetzten Räumlichkeit befand, insofern der Brandstifter erkennen konnte, daß jemand in der Räumlichkeit sich befinde und die Handlung nicht als Mord erscheint;

b) wenn dieselbe Person gleichzeitig oder in kurzen Zwischenräumen mehrere Brandstiftungen oder wenn sie auch nur eine Brandstiftung in Verbindung mit mehreren Personen begangen hat;

c) wenn die Brandstiftung von einer Bande zur Begehung von Raub und Zerstörung verübt wird.

**165**

Wer einen in den Punkten 162 oder 163 bezeichneten Gegenstand aus Fahrlässigkeit in Brand setzt, wird wegen des Verbrechens der fahrlässigen Verursachung einer Feuersgefahr mit Kerker bis zu einem Jahre, wenn dadurch der Tod eines Menschen verursacht wurde, mit Kerker bis zu fünf Jahren bestraft.

**166**

Die Brandstiftung bleibt straflos, wenn der Brand durch den Täter selbst oder infolge seiner Vorkehrungen gelöscht und an der weiteren Ausbreitung gehindert wurde, ehe die Tat entdeckt und größerer Schaden verursacht wurde.

**167**

Eine auf Verübung des Verbrechens der Brandstiftung abzielende Verbindung (Punkt 14 Abs. 2) wird, wenn noch eine Vorbereitungshandlung dazukommt, mit Kerker von sechs Monaten bis zu zwei Jahren bestraft.

## Herbeiführung einer Überschwemmung

**168**

Das Verbrechen der Herbeiführung einer Überschwemmung begeht, wer Dämme, Wehre oder Schleusen vorsätzlich und widerrechtlich durchsticht, zerstört oder öffnet und durch die so herbeigeführte Überschwemmung andere an ihrem Vermögen schädigt.

**169**

Das Verbrechen der vorsätzlichen Herbeiführung einer Überschwemmung wird mit Kerker von einem bis zu fünf Jahren bestraft; übersteigt jedoch der Schaden nicht eintausendzweihundert Forint oder wurde die Überschwemmung vom Täter zur Rettung seines eigenen Vermögens herbeigeführt, tritt mit Ausnahme der Fälle des folgenden Punktes Kerker von sechs Monaten bis zu drei Jahren ein.

**170**

(1) Wurde durch das Verbrechen der Herbeiführung einer Überschwemmung das Leben eines oder mehrerer Menschen gefährdet und konnte diese Gefährdung vorausgesehen werden, so wird der Täter mit Kerker von fünf bis zu zehn Jahren bestraft.

(2) Wenn aber in einem solchen Falle ein oder mehrere Menschen durch die Überschwemmung ums Leben gekommen sind und dies vom Täter vorhergesehen werden konnte, so wird dieser — falls die Handlung sich nicht als Mord darstellt — mit lebenslangem Kerker bestraft.

**171**

Wer aus Fahrlässigkeit eine Überschwemmung herbeiführt, begeht ein Verbrechen und wird, wenn hierdurch das Leben oder Vermögen anderer gefährdet wurde, mit Kerker bis zu einem Jahre bestraft. Wurde aber dadurch der Tod eines Menschen verursacht, so tritt Kerker bis zu fünf Jahren ein.

## Gefährdung des Verkehrswesens. — Verbrechen gegen die Verkehrsordnung. — Gemeingefährliche Beschädigung

**172**

(1) Wer durch Handeln oder Unterlassen die Sicherheit des gemeinnützigen Land-, Wasser- oder Flugverkehrs vorsätzlich stört, wird, wenn dies Gefahr für Leben oder Vermögen zur Folge hat, mit Kerker von einem bis zu fünf Jahren, wenn jedoch die unmittelbare Gefahr eines schweren Unfalls entstanden ist, mit Kerker von einem bis zu zehn Jahren bestraft.

(2) Hat das im vorigen Absatz bezeichnete Verbrechen eine schwere Körperverletzung verursacht, so ist der Täter mit Kerker von fünf bis zu zehn Jahren — wenn jedoch der Tod eines anderen verursacht wurde und falls die Handlung nicht als Mord erscheint — mit lebenslangem Kerker zu bestrafen.

**173**

Wer Personen oder Waren, die sich auf einer Eisenbahn oder in deren Nähe befinden, vorsätzlich durch Unterlassung der vorschriftsmäßigen Signale oder durch falsche Signale in Gefahr setzt, begeht ein gemeingefährliches Verbrechen und wird mit Rücksicht auf den Erfolg nach den Bestimmungen des Punktes 172 bestraft.

**174**

Wer eine in Punkt 172 Abs. 1 und in Punkt 173 bezeichnete Handlung oder Unterlassung fahrlässig verübt, begeht ein Verbrechen und wird mit Kerker bis zu einem Jahr bestraft. Wurde durch eine solche Handlung oder Unterlassung der Tod eines Menschen verursacht, tritt Kerker bis zu fünf Jahren ein.

**174 A**[1])

Wer:

a) unter der Wirkung geistiger Getränke steht und ein Kraftfahrzeug führt oder während der Fahrt geistige Getränke zu sich nimmt;

b) die Führung des Kraftfahrzeugs einer Person überläßt, die geistige Getränke zu sich genommen hat;

c) am öffentlichen Verkehr mit einem Kraftfahrzeug teilnimmt, dessen Fußbremsen nicht in Ordnung sind,

begeht ein Verbrechen und wird — soweit die Handlung nicht unter eine schwerere Zurechnung, besonders unter die Vorschriften der Punkte 374—376 fällt — mit Kerker bis zu sechs Monaten bestraft.

**174 B**[2])

(1) Wer:

a) die Führung eines Kraftfahrzeugs einer Person überläßt, die keinen Führerschein besitzt;

---

[1]) Durch den § 10 der gk. VO Nr. 16 vom Jahre 1956 geänderter Text des § 1 der VO des Ministerrates Nr. 55/1953/XII. 4./M. T.

[2]) § 6 der gk. VO Nr. 16 vom Jahre 1956.

b) bei der Begegnung mit einem Fahrzeug oder getriebenen Tieren die Scheinwerfer seines Kraftfahrzeugs nicht abblendet;
c) ohne behördliche Genehmigung auf Lastkraftwagen mehrere Personen befördert oder den Lastkraftwagen nicht mit der zum Personentransport notwendigen Vorrichtung versieht,

begeht eine Verkehrsregelverletzung und wird mit einer Geldbuße bis zu fünfhundert Forint bestraft.

(2) Das Verfahren liegt in der Zuständigkeit der Polizei.

**174 C**[1])

(1) Die in Punkt 174 B Abs. 1 bezeichnete Handlung ist ein Verbrechen, wenn der wegen eines Verkehrsverbrechens vorbestrafte Verüber innerhalb eines Jahres seit der Strafverbüßung rückfällig wird oder wenn die Polizei gegen den Verüber wegen einer Verkehrsregelverletzung innerhalb eines Jahres schon auf eine Geldbuße erkannt hat.

(2) Die Strafe des in Abs. 1 bezeichneten Verbrechens ist Kerker bis zu sechs Monaten.

**175**

Mit Kerker von zwei bis zu fünf Jahren werden Eisenbahnangestellte bestraft, die durch Verletzung einer ihnen obliegenden Dienstpflicht auf einem Eisenbahnzug oder in dessen Nähe befindliche Personen oder Waren der Gefahr einer Verletzung oder Beschädigung durch die Eisenbahn aussetzen.

**176**

(1) Wer eine Eisenbahn, Eisenbahnwaren, eine Eisenbahn- oder Straßenbrücke, Eisenbahn- oder Straßenanlagen, Eisenbahn- oder Straßeneinrichtungen oder deren Zubehör vorsätzlich beschädigt, oder wer einen Gegenstand oder Materialien, die zur Errichtung, Instandsetzung oder Erhaltung des Eisenbahnbetriebes, bzw. der Straßen und Straßenbrücken bestimmt sind, rechtswidrig sich aneignet,

wird — soweit die Handlung nicht unter eine schwerere Zurechnung fällt, — nach den Vorschriften des Punktes 172 bestraft.

(2) Ebenso wird derjenige bestraft, der Anlagen, Einrichtungen, Fahrzeuge oder einen dazu gehörenden Gegenstand, der Post, eines Fernmelde- oder Fernsprechbetriebes vorsätzlich beschädigt,

oder wer sich einen solchen Gegenstand oder Materialien, die zur Errichtung, Instandsetzung oder Erhaltung des Post-, Fernmelde- oder Fernsprechbetriebes bestimmt sind, rechtswidrig aneignet.

**177**

Wer vorsätzlich einen Fernmeldebetrieb oder dessen Zubehör beschädigt oder durch eine Handlung oder Unterlassung die Benutzung des Telegrafen stört oder verhindert,

begeht ein Verbrechen und wird mit Kerker von sechs Monaten bis zu fünf Jahren bestraft.

**178**

Wer in fahrlässiger Weise eine Handlung oder Unterlassung begeht, durch die die Benutzung eines Fernmeldebetriebes gestört wird, macht sich eines Verbrechens schuldig und wird mit Kerker bis zu drei Monaten bestraft.

---

[1]) § 9 Abs. 3 und 5 der gk. VO Nr. 16 vom Jahre 1956.

**179**

Angestellte eines Fernmeldebetriebes, die durch Verletzung einer ihnen obliegenden Dienstpflicht eine Störung in der Benutzung des Fernmeldebetriebes herbeiführen, werden mit Kerker bis zu zwei Jahren bestraft.

**180**

Die in den Punkten 177—179 angeführten Strafbestimmungen erstrekken sich auf die Beschädigung, ferner auf die Störung oder Verhinderung der Benutzung von:

a) fernmündlichen und elektrischen Signalapparaten;
b) Anlagen, die zur Förderung und Leitung von Mineralölen und Erdgas dienen;
c) Anlagen, die zur Erzeugung, Leitung oder Verteilung von elektrischem Strom dienen;
d) Anlagen, die der Sicherheit des Flugverkehrs dienen;
e) Luftschutzanlagen oder deren Zubehör;
f) Anlagen, die zum Kohlenabbau, Schürfen, sowie der Förderung dienen;
g) Dämmen, Kanälen, Brücken, Pumpenanlagen und ihre Einrichtungen, ferner Gegenstände und Materialien, die dem Hochwasser- und Binnengewässerschutz oder dem Hochwassermeldedienst dienen, ferner Schutzwälder gegen Überschwemmungen.

**181**

Wer durch eine vorsätzliche Handlung oder Unterlassung das Stranden, Sinken oder die Zertrümmerung eines Schiffes herbeiführt und dadurch das Leben oder Vermögen anderer in Gefahr bringt,

begeht ein Verbrechen und wird mit Kerker von fünf bis zu zehn Jahren, und wenn als Folge der Handlung oder Unterlassung eine schwere Körperverletzung zugefügt wurde, mit Kerker von zehn bis zu fünfzehn Jahren bestraft. Ist aber dadurch ein Mensch ums Leben gekommen, so tritt — insofern nicht ein Mord vorliegt — lebenslanger Kerker ein.

**182**

Wurde die Handlung oder Unterlassung, die das Stranden, Sinken oder die Zertrümmerung eines Schiffes herbeiführte, fahrlässig begangen und dadurch das Leben oder Vermögen anderer in Gefahr gebracht, ist wegen eines Verbrechens auf Kerker bis zu einem Jahr, und wenn der Tod eines Menschen verursacht worden ist, auf Kerker bis zu fünf Jahren zu erkennen.

**183[1])**

(1) Die Strafbestimmungen der Punkte 181 und 182 erstrecken sich auch auf denjenigen, der

vorsätzlich oder fahrlässig die Zertrümmerung eines Flugzeugs herbeiführt.

(2) Unter Flugzeugen sind Militär-, Verkehrs-, Sport- und andere Flugzeuge mit und ohne Motor, sowie Luftschiffe zu verstehen.

(3) Wenn das in Punkt 172 bezeichnete Verbrechen durch die Beschädigung eines Flugzeugs oder eines dazugehörenden Gegenstandes,

bzw. das in Abs. 1 bezeichnete Verbrechen im Krieg begangen wird,

und die Handlung mehrere Menschenleben gefordert hat oder für die

---

[1]) § 209 des II. Gesetzes vom Jahre 1939.

der Verteidigung und Sicherheit des Landes dienenden Aktionen mit großen Nachteilen verbunden war,

oder die Zerstörung von Kriegsmaterial in großer Menge verursacht hat, ist auf Todesstrafe zu erkennen.

## Verbrechen gegen das öffentliche Gesundheitswesen

### 184

Wer Gegenständen, die dem öffentlichen Verbrauch dienen und zum Verkauf oder zur Verteilung bestimmt sind, lebensgefährliche oder gesundheitsschädliche Stoffe beimischt oder beimischen läßt,

oder wer so verfälschte oder lebensgefährliche Lebensmittel zum Verkauf oder zur Verteilung in seinen Geschäfts- oder Warenräumen hält,

begeht ein Verbrechen gegen das öffentliche Gesundheitswesen und wird mit Kerker bis zu einem Jahre bestraft.

### 185

Wer in Gebrauch befindliche Brunnen, Wasserleitungen oder Wasserbehälter vergiftet oder wer Lebensmittel, die mit lebensgefährlichen oder schädlichen Stoffen vermischt sind (Punkt 184) unter Verschweigen dieser gefährlichen oder schädlichen Eigenschaften verkauft, feilbietet oder verteilt,

wird mit Kerker von fünf bis zu zehn Jahren bestraft. Ist hieraus eine schwere Körperverletzung oder der Tod eines Menschen entstanden, so tritt — insoweit nicht ein Mord vorliegt — Kerker von zehn bis zu fünfzehn Jahren ein.

### 186

(1) Wer Absperrungs- oder sonstige Aufsichtsmaßregeln, die zur Verhütung der Verbreitung einer ansteckenden Krankheit angeordnet sind, verletzt, wird mit Kerker bis zu sechs Monaten bestraft.

(2) Ist infolge der Verletzung der Absperrungs- oder Aufsichtsmaßregeln ein Mensch von der ansteckenden Krankheit befallen worden, so tritt Kerker bis zu drei Jahren ein.

### 187[1])

## Kurpfuscherei

### 188[2])

(1) Wer, ohne dazu berechtigt zu sein, regelmäßig eine zur ärztlichen Praxis gehörende Tätigkeit ausübt, begeht das Verbrechen der Kurpfuscherei und wird mit Kerker bis zu sechs Monaten bestraft.

(2) Wird die in Abs. 1 bezeichnete Handlung unter Vorspiegelung der Berechtigung zur ärztlichen Praxis begangen, so ist auf einen Freiheitsentzug bis zu einem Jahre zu erkennen.

(3) Die zur Begehung der Handlung verwendeten Geräte, Einrichtungen und Mittel sind zu beschlagnahmen.

(4) In der Anwendung dieses Punktes sind diejenigen Personen als zur ärztlichen Praxis berechtigt zu betrachten, deren Berechtigung auf Grund

---

[1]) Außer Kraft gesetzt durch die VO des Ministerrates Nr. 21/1953/V. 15./M. T.

[2]) § 49 des XLVIII. Gesetzes vom Jahre 1948.

eines an einer inländischen Universität oder an einer ausländischen Universität erworbenen und regelrecht nostrifizierten Diplomes durch die Behörde in Einklang mit den bestehenden Rechtsvorschriften bescheinigt wurde,

vorausgesetzt, daß sie nicht unter der Wirkung eines rechtskräftigen, die Ausübung der ärztlichen Praxis aberkennenden Urteiles, oder unter der Wirkung eines rechtskräftigen, die Suspendierung von der ärztlichen Praxis verhängenden Beschlusses stehen.

## Verbrechen des Bettelns

### 188 A

Wer ohne behördliche Erlaubnis öffentlich oder von Haus zu Haus bettelt, oder Kinder, die das achtzehnte Lebensjahr noch nicht erreicht haben, zum Betteln anleitet oder ausschickt,

oder sie zu diesem Zweck einem anderen zur Verfügung stellt, wird mit Kerker bis zu dreißig Tagen bestraft.

### 188 B

Wer wieder ohne behördliche Erlaubnis öffentlich oder von Haus zu Haus bettelt, nachdem er wegen Bettelns schon bestraft war und seit der Verbüßung der letzten Strafe zwei Jahre noch nicht verstrichen sind, wird mit Kerker bis zu dreißig Tagen bestraft.

### 188 C

Mit Kerker bis zu zwei Monaten werden Personen bestraft, die mit oder ohne behördliche Erlaubnis betteln, wenn sie:

a) zu mehr als dreien an derselben Stelle betteln und das vierzehnte Lebensjahr schon überschritten haben;
b) außer der von den Behörden festgesetzten Zeit betteln;
c) während des Bettelns Waffen mit sich führen;
d) in eine geschlossene Wohnung ohne vorherige Zustimmung eintreten;
e) Elend, Unglück, das Fehlen oder die Verkrüppelung von Gliedmaßen, das Fehlen des Seh- oder Sprachvermögens, der Hörfähigkeit, oder eine Geisteskrankheit vortäuschen.

## Verbrechen der unerlaubten Rückkehr— Das Verbrechen der Verletzung der aufsichtspolizeilichen Regeln — Verbrechen des verbotenen Glücksspieles

### 188 D[1])

(1) Wer aus einer oder mehreren Gemeinden oder aus einem bestimmten Teil des Landes durch die Behörden rechtskräftig ausgewiesen ist und während der Wirkung der Ausweisung ohne Erlaubnis dorthin zurückkehrt,

begeht die Regelverletzung der unerlaubten Rückkehr und kann mit einer Geldbuße bis zu fünfhundert Forint belegt werden.

(2) Wer die aufsichtspolizeilichen Regeln verletzt oder umgeht,

begeht eine Regelverletzung und kann mit einer Geldbuße bis zu fünfhundert Forint bestraft werden.

---

1) § 7 und § 9 Abs. 4—5 der gk. VO Nr. 16 vom Jahre 1956.

(3) Wer an öffentlichen Orten an Glücksspielen teilnimmt, begeht die Regelverletzung des verbotenen Glücksspieles und kann mit einer Geldbuße bis zu fünfzig Forint bestraft werden.

(4) Das Verfahren liegt in der Zuständigkeit der Polizei.

(5) Wenn der Verüber der in den Abs. 1—3 bezeichneten Handlung durch das Gericht wegen der gleichen Strafhandlung bereits verurteilt wurde und seit der Verbüßung der Strafe ein Jahr noch nicht verstrichen ist, oder

wenn die Polizei gegen den Verüber wegen der gleichen Handlung innerhalb eines Jahres eine Geldbuße verhängt hat,

ist die Handlung ein Verbrechen.

(6) Die Strafe der gem. Abs. 5 als Verbrechen erscheinenden Handlungen ist Kerker bis zu sechs Monaten.

### Verbrechen in Zusammenhang mit der Ein- und Ausreise und Aufenthalt von Ausländern[1])

**188 E**

Wer die Bestimmungen über die Anmeldung und die Meldung von Ausländern entgegen der Aufforderung der Behörden verletzt oder auch wiederholt verletzt, begeht ein Verbrechen und wird mit Kerker bis zu sechs Monaten bestraft.

**188 F**

Wer als Ausländer sich im Landesgebiet ohne gültige Erlaubnis aufhält, oder nicht in der durch die Aufenthalts-(wohn-)erlaubnis bestimmten Gemeinde aufhält, begeht ein Verbrechen und wird mit Kerker bis zu zwei Jahren bestraft.

### Strafhandlungen, die in berauschtem oder betäubtem Zustand begangen wurden

**189[2])**

Wer in einem berauschten oder betäubten Zustand, den er durch eigenes Verschulden herbeigeführt hat, ein Verbrechen begeht, das nach den Strafgesetzen mit Kerkerstrafe über einem Jahr bedroht ist, wird,
— wenn sein Zustand die Zurechnungsfähigkeit ausschließt — mit Kerker bis zu einem Jahr bestraft.

### Verbrechen des Unfugs

**189 A[3])**

(1) Wer unter Außerachtlassung der Regeln des gesellschaftlichen Zusammenlebens Unfug treibt oder die öffentliche Ordnung durch die Verursachung eines öffentlichen Ärgernisses, einer Entrüstung oder eines Schreckens stört,

begeht ein Verbrechen und wird mit Kerker bis zu einem Jahr bestraft.

(2) Wenn der Verüber der in Abs. 1 bezeichneten Handlung der Aufforderung einer, die Ordnung wiederherstellenden Amtsperson nicht Folge leistet, ferner

---

1) Die Punkte 188 E und 188 F enthalten den § 18 Abs. 2 bzw. § 19 der VO des Ministerrates Nr. 17/1954/III. 10./M. T.

2) § 14 des XLVIII. Gesetzes vom Jahre 1948.

3) § 7 der gk. VO Nr. 17 vom Jahre 1955.

wenn er wegen der oben genannten Handlung in den letzten fünf Jahren bereits verurteilt wurde, bzw. seit der Verbüßung der Strafe noch keine fünf Jahre verstrichen sind,

wird er mit Kerker bis zu zwei Jahren bestraft.

## IX. KAPITEL

## Strafhandlungen gegen die Rechtspflege

### Falsche Aussage

**190**

(1) Wer als Zeuge in einer Strafsache vor Gericht oder vor der Staatsanwaltschaft über einen wesentlichen Umstand falsch aussagt, begeht das Verbrechen der falschen Aussage und wird mit Kerker von einem bis zu fünf Jahren bestraft.

(2) Wurde die falsche Aussage zum Nachteil des Angeklagten abgelegt und dieser zum Tode verurteilt, wird der falsche Zeuge mit Kerker von zehn bis zu fünfzehn Jahren bestraft. Wurde der Angeklagte zu einer Freiheitsstrafe von mehr als fünf Jahren verurteilt, wird der falsche Zeuge mit Kerker von fünf bis zu zehn Jahren bestraft.

**191**

Eine falsche Aussage in bezug auf eine Regelverletzung wird mit Kerker bis zu einem Jahr bestraft.

**192**

(1) Wer in einem bürgerlichen Rechtsstreit über einen wesentlichen Umstand ein falsches Zeugnis ablegt, wird mit Kerker von sechs Monaten bis zu fünf Jahren bestraft.

(2) Übersteigt der Gegenstand des bürgerlichen Rechtsstreites den Wert von sechshundert Forint nicht, wird das falsche Zeugnis mit Kerker von sechs Monaten bis zu einem Jahre bestraft.

**193**

(1) Die Strafe des falschen Zeugnisses trifft auch einen Sachverständigen, der in einem Straf- oder Zivilprozeß über einen wesentlichen Umstand des Tatbestandes unwahr aussagt oder ein falsches Gutachten abgibt;

ebenso einen Übersetzer oder Dolmetscher, der über einen wesentlichen Umstand mündlich oder schriftlich dem Gericht oder einer anderen Behörde eine falsche Übersetzung unterbreitet.

(2) Wenn zur Grundlage eines durch das Gericht oder eine andere Behörde gefällten Beschlusses — einerlei ob er rechtskräftig ist oder nicht —, ganz oder teilweise, das unwahre oder falsche Gutachten des Sachverständigen gedient hat,

so ist die Strafe Kerker von einem bis zu zehn Jahren.

**194**

(1) Wer in einem Disziplinarverfahren gegen einen öffentlichen Beamten oder einen Rechtsanwalt eine falsche Aussage ablegt, wird mit Kerker von sechs Monaten bis zu einem Jahr bestraft.

(2) Wurde die falsche Aussage zum Nachteil des durch die Disziplinaruntersuchung Betroffenen abgelegt und dieser seines Amtes oder seiner Stellung enthoben, wird das falsche Zeugnis mit Kerker von sechs Monaten bis zu drei Jahren bestraft; wurde im Disziplinarurteil auf eine geringere Strafe erkannt, mit Kerker von sechs Monaten bis zu zwei Jahren.

(3) Diese Vorschriften finden auch Anwendung auf eine in einem militärischen ehrengerichtlichen Verfahren abgelegte falsche Aussage.

**195**

Eine fahrlässig abgegebene falsche Aussage, Sachverständigenerklärung oder Übersetzung wird mit Kerker bis zu einem Jahr bestraft.

**196**

(1) Wer einen andern zu einer falschen Aussage in einem Strafprozeß oder zu einer in Punkt 193 bezeichneten Handlung zu verleiten versucht, wird mit Kerker bis zu drei Jahren und, wenn es sich um eine Regelverletzung handelt, mit Kerker bis zu sechs Monaten bestraft.

(2) Wer diese Handlung in bezug auf einen Zivilprozeß begeht, wird mit Kerker bis zu zwei Jahren, im Fall des Punktes 192 Abs. 2 mit Kerker bis zu sechs Monaten bestraft.

(3) Wer diese Handlung in bezug auf eine Disziplinarangelegenheit begeht, wird mit Kerker bis zu sechs Monaten bestraft.

**197**

Wegen der in den Punkten 190—196 bezeichneten Handlungen bleibt straflos:

a) wer durch eine wahre Aussage sich selbst einer strafbaren Handlung anklagen würde;

b) wer in einer Straf- oder Disziplinarsache berechtigt war, die Zeugenaussage oder die Abgabe eines Gutachtens zu verweigern, auf dieses Recht jedoch vom Gericht oder von der Staatsanwaltschaft nicht aufmerksam gemacht wurde.

**198**[1]

(1) Die falsche Aussage in einer Wahlangelegenheit wird ebenso wie eine in Punkt 190 Abs. 1 bezeichnete Straftat bestraft.

(2) Bei einer falschen Aussage vor der Disziplinarbehörde einer amtlichen Interessenvertretung oder anerkannten Berufsorganisation, sind die Bestimmungen des Punktes 194 entsprechend anzuwenden.

(3) Im Falle des vorstehenden Absatzes ist der Punkt 194 Abs. 2 so anzuwenden, daß unter Amts- oder Stellungsverlust auch die Untersagung der Berufsausübung zu verstehen ist.

**199**

(1) Straflos bleibt:

wer die falsche Aussage oder Erklärung (Punkt 193) bei der betreffenden Behörde widerruft, bevor gegen ihn eine Anzeige erstattet oder das Strafverfahren eingeleitet wurde, und bevor aus der falschen Aussage oder Erklärung für einen andern ein Nachteil entstanden ist.

---

[1]) § 10 Abs. 1, 4 und 5 des X. Gesetzes vom Jahre 1942.

(2) Der vorstehende Absatz findet auf eine Aussage vor der Staatsanwaltschaft mit der Unterscheidung Anwendung, daß der Verüber seine Aussage mit der in Abs. 1 bezeichneten Wirkung auch beim Gericht erster Instanz widerrufen kann.

### 200

Wer eine der Wahrheit entsprechende Aussage oder Erklärung widerruft und als falsch hinstellt;

oder wer einen andern zu einem solchen falschen Widerruf zu verleiten trachtet, wird nach den verschiedenen Umständen der Sache und Handlung mit den in den Punkten 190—194 und 196 bezeichneten Strafen belegt.

### 201

(1) Solange die Sache, in der die Erklärung (Anzeige, Aussage, Fachgutachten usw.) durch die falsche Aussage verwirklicht wurde, abgegeben wurde, nicht in Rechtskraft erwachsen ist, kann ein Strafverfahren wegen falscher Aussage nur dann stattfinden, wenn wegen der Straftat das Gericht oder eine andere Behörde, die in der erwähnten Sache meritorisch vorgegangen war, eine Strafanzeige erstattet. Auf Grund dieser Bestimmung kann das Gericht oder eine andere Behörde so lange mit der oben genannten Wirkung Anzeige erstatten, bis die Sache dort anhängig ist.

(2) Wenn vor dem rechtskräftigen Abschluß der Sache gem. Abs. 1 wegen der oben genannten Straftat kein Verfahren stattfinden kann, ist die Anzeige, die nicht unter Abs. 1 fällt, vorläufig zu registrieren; auf Grund dieser Anzeige kann das Strafverfahren erst dann eingeleitet werden, wenn die Sache rechtskräftig wurde. Wegen der Mitteilung über Eintritt der Rechtskraft ist das Erstgericht oder eine andere Behörde von Amts wegen zu ersuchen. Die rechtskräftige Erledigung kann auch vom Anzeiger selbst durch eine Bescheinigung des Leiters des Gerichtes oder einer anderen Behörde nachgewiesen werden.

(3) Die Verjährung des Strafverfahrens wegen falscher Aussage beginnt — mit der Ausnahme, daß eine Anzeige gem. Abs. 1 vorliegt — mit dem Tage des rechtskräftigen Abschlusses der Sache, in der die Erklärung, durch die die falsche Aussage verwirklicht wurde, abgegeben wurde.

## Falsche Anschuldigung

### 202

(1) Der falschen Anschuldigung macht sich schuldig: wer einen andern vor einer Behörde einer strafbaren Handlung wissentlich und fälschlich beschuldigt oder gegen ihn wissentlich falsche Verdachtsgründe oder Beweise erdichtet oder herstellt.

(2) Betrifft die falsche Anschuldigung ein Verbrechen, wird sie mit Kerker von einem bis zu fünf Jahren bestraft; betrifft sie dagegen eine Regelverletzung oder ein Disziplinarvergehen, so wird sie mit Kerker bis zu einem Jahr bestraft.

(3) Wurde der falsch Angeschuldigte verurteilt, kommen die Strafbestimmungen der Punkte 190 und 194 nach den dort festgesetzten Unterscheidungen zur Anwendung.

### 203

(1) Die falsche Anschuldigung wird nur dann von Amts wegen verfolgt, wenn bereits auf ihrer Grundlage das Strafverfahren gegen den Angeschuldigten eingeleitet worden ist.

(2) Wurde infolge der falschen Anschuldigung kein Strafverfahren eingeleitet, so tritt das Strafverfahren wegen dieser Handlung nur auf Antrag des fälschlich Angeschuldigten ein und der falsche Ankläger wird mit Kerker bis zu einem Jahr bestraft.

**204[1])**

(1) Der Verurteilte wird auf den während der Verhandlung gestellten Antrag des Verletzten verpflichtet, das Urteil mit den Entscheidungsgründen in einer vom Gericht bestimmten inländischen Zeitung öffentlich bekanntzumachen.

(2) Wenn der Verurteilte diese Pflicht innerhalb von dreißig Tagen nicht erfüllt, ist der Verletzte berechtigt, das Urteil in der vom Gericht bestimmten Zeitung innerhalb weiterer dreißig Tage auf eigene Kosten zu veröffentlichen. In diesem Falle verpflichtet das Gericht den Verurteilten durch Beschluß zum Kostenersatz.

(3) Das Gericht kann im Urteil die Auslassung der Ausdrücke, die die falsche Anschuldigung enthalten, bei der Veröffentlichung des Urteils bestimmen.

**205[2])**

Auf eine bei der Disziplinarbehörde einer amtlichen Interessenvertretung oder anerkannten Berufsorganisation erfolgte falsche Anschuldigung sind die Vorschriften des Punktes 202 Abs. 2 entsprechend anzuwenden.

**206[3])**

(1) Solange die Sache noch nicht rechtskräftig beendet ist, in der die Erklärung (Anzeige, Aussage, Fachgutachten, usw.), durch die die falsche Anschuldigung verwirklicht wurde, abgegeben worden ist, kann ein Strafverfahren wegen falscher Anschuldigung nur dann stattfinden, wenn das Gericht oder eine andere Behörde, die in der erwähnten Sache meritorisch vorgegangen war, wegen der Straftat eine Anzeige erstattet. Auf der Grundlage dieser Bestimmung kann das Gericht oder eine andere Behörde so lange mit der genannten Wirkung Anzeige erstatten, bis die Sache dort anhängig ist.

(2) Wenn gem. Abs. 1 vor dem rechtskräftigen Abschluß der Sache kein Verfahren wegen der oben genannten Straftat stattfinden kann, ist die Anzeige, die nicht unter Abs. 1 fällt, vorläufig zu registrieren; auf Grund dieser Anzeige kann das Strafverfahren erst dann eingeleitet werden, wenn die Sache rechtskräftig beendet wurde. Wegen der Mitteilung des rechtskräftigen Abschlusses ist das Erstgericht oder die andere Behörde von Amts wegen zu ersuchen. Die rechtskräftige Erledigung kann auch vom Anzeiger selbst durch eine Bescheinigung des Leiters des Gerichtes oder einer anderen Behörde nachgewiesen werden.

(3) Die Verjährung des Strafverfahrens wegen falscher Anschuldigung beginnt — ausgenommen, daß eine Anzeige gem. Abs. 1 vorliegt — mit dem Tage des rechtskräftigen Abschlusses der Sache, in der die Erklärung, durch die die falsche Anschuldigung verwirklicht wurde, abgegeben wurde.

---

1) § 43 Abs. 2, 3 und 7 des XIV. Gesetzes vom Jahre 1914.
2) § 10 Abs. 4 des X. Gesetzes vom Jahre 1942.
3) § 18 Abs. 2—4 des XLVIII. Gesetzes vom Jahre 1948.

### Verleumdung vor Behörden[1])

**207**

(1) Wer einen andern vor Behörden mit der Begehung einer strafrechtlich oder disziplinarisch strafbaren Handlung ohne genügende sachliche Unterlagen beschuldigt,

hierbei fahrlässig vorgeht und die Anschuldigung sich als unrichtig erweist,

begeht ein Verbrechen und wird mit Kerker bis zu einem Jahr bestraft.

(2) Im Fall einer an die Staatsanwaltschaft wegen kriegs- oder volksfeindlicher Verbrechen gerichtete Anzeige kann gegen den Anzeiger ein Strafverfahren auf der Grundlage einer in diesem Punkt bezeichneten Handlung nicht eingeleitet werden. Diese Vorschrift schließt nicht die Anwendung der Bestimmungen über die falsche Anschuldigung aus.

(3) Die Vorschriften des Punktes 204 sind auch auf ein in diesem Punkt bezeichnetes Verbrechen entsprechend anzuwenden.

**208**

(1) Ein Strafverfahren tritt bei einem in Punkt 207 Abs. 1 bezeichneten Verbrechen nur auf Antrag ein.

(2) Die Frist zur Antragstellung beginnt mit dem Tage zu laufen, an welchem der Beleidigte von der Entscheidung in der Grundsache Kenntnis erlangt hat.

**209**

(1) Wegen Verleumdung vor Behörden kann das Strafverfahren so lange nicht stattfinden, bis die Sache, in der die Erklärung, die eine Verleumdung vor Behörden verwirklicht hat, abgegeben wurde, abgeschlossen ist.

(2) Im Fall der Verleumdung vor Behörden beginnt die Verjährung des Strafverfahrens mit dem Tage des rechtskräftigen Abschlusses der Sache, in der die die Straftat verwirklichende Erklärung abgegeben wurde.

### Verschweigen von Tatsachen, die einen Unschuldigen befreien

**210**

Wer Tatsachen und Beweise kennt, von denen der Freispruch eines unschuldig in ein Strafverfahren Gezogenen oder die Befreiung eines unschuldig Verurteilten abhängt und diese dem Betroffenen, dessen Angehörigen oder der betreffenden Behörde nicht mitteilt, obwohl er dies ohne Gefahr für sich, seine Angehörigen oder schuldlose Dritte tun konnte,

begeht ein Verbrechen und wird mit Kerker bis zu drei Jahren bestraft.

### Begünstigung

**211**

Wer dem Verüber eines Verbrechens behilflich ist, der behördlichen Verfolgung zu entgehen, den Erfolg des Strafverfahrens zu vereiteln oder straflos zu bleiben, macht sich, wenn er nicht schon vor Begehung des

---

[1]) Die Punkte 207—209 enthalten die §§ 20, 21 Abs. 1 und 2 des XLI. Gesetzes vom Jahre 1914 bzw. § 18 Abs. 1 und 4 des XLVIII. Gesetzes vom Jahre 1948. Punkt 207 Abs. 2 dagegen wurde aus dem § 31 der VO des Ministerpräsidenten Nr. 81/1945 (II.5) M. E. übernommen.

Verbrechens mit jenem hierüber eine Verabredung getroffen hat, der Begünstigung schuldig und wird mit Kerker bis zu einem Jahre bestraft.

212

Wegen Begünstigung wird mit der im vorstehenden Punkt bestimmten Strafe bestraft, wer ohne sich vor Begehung des Verbrechens mit dem Verüber darüber verabredet zu haben, an der Sicherung der aus dem Verbrechen stammenden Vorteile mitwirkt.

213

Wer die Begünstigung begeht, um sich oder einem Dritten einen Vermögensvorteil zu verschaffen, wird mit Kerker bis zu zwei Jahren bestraft.

214

Wird die Begünstigung in bezug auf den in Punkt 13 bezeichneten Hochverrat oder den in den Punkten 36 oder 37 bezeichneten Staatsverrat begangen, ist die Strafe Kerker von sechs Monaten bis zu fünf Jahren.

215

Die Bestimmungen der Punkte 211, 212 und 214 sind nicht anwendbar, wenn eine dort bezeichnete Handlung zugunsten eines Angehörigen (§ 29 StGBA) des Begünstigers begangen wurde.

216[1])

Wer eine Militärperson, von der er weiß, daß sie flüchtig ist, während der Desertion bei sich oder in einer unter seiner Aufsicht stehenden Räumlichkeit behält oder ihrem Verbergen oder ihrer Flucht auf irgendeine Weise Vorschub leistet,

wird mit Kerker bis zu zwei Jahren, im Krieg mit Kerker von sechs Monaten bis zu fünf Jahren bestraft.

## Selbstbefreiung eines Gefangenen — Gefangenenbefreiung

217[2])

Wer von der Behörde in Verwahrung oder unter Beschränkung der persönlichen Freiheit unter Aufsicht gehalten wird, ist bei der Anwendung der Strafgesetze als Gefangener zu betrachten.

218[3])

(1) Der Gefangene, der sich aus der Haft oder aus der behördlichen Verwahrung selbst befreit, wird mit Kerker bis zu drei Jahren bestraft.

(2) Die Kerkerstrafe kann — bei der Selbstbefreiung eines rechtskräftig Verurteilten — die Zeitdauer der Freiheitsstrafe, die dem Gefangenen rechtskräftig zugemessen wurde, nicht übersteigen.

219

(1) Wer einem Gefangenen zum Entweichen aus der Haft oder aus der behördlichen Obhut behilflich ist, begeht ein Verbrechen und wird mit Kerker von sechs Monaten bis zu zwei Jahren bestraft.

---

1) § 78 des III. Gesetzes vom Jahre 1930.
2) § 2 des XVIII. Gesetzes vom Jahre 1940.
3) § 1 der gk. VO 11 vom Jahre 1950.

(2) Wer einem Gefangenen, um dessen Entweichen zu bewirken, Waffen, Schlüssel oder andere Werkzeuge verschafft, wird mit Kerker von sechs Monaten bis zu drei Jahren bestraft.

**220**

(1) Wachen, Aufseher oder behördliche Organe, die ihrer Obhut anvertraute Gefangene vorsätzlich entweichen lassen, werden mit Kerker von einem bis zu fünf Jahren bestraft.

(2) Haben sie fahrlässig das Entweichen eines ihrer Obhut anvertrauten Gefangenen verschuldet, ist die Strafe Kerker von drei Monaten bis zu drei Jahren.

**221**

Der Angestellte einer Gefangenenanstalt, der durch vorsätzliches Handeln oder Unterlassen die Regeln der Verwahrung oder Aufsicht der Gefangenen schwer verletzt, wird wegen Verbrechens mit Kerker bis zu einem Jahr bestraft.

**222**

Wenn die in Punkt 221 bezeichnete Handlung im Dienst außerhalb der Anstalt begangen wird, ist die Strafe Kerker bis zu zwei Jahren. Wenn als Folge der Handlung ein Gefangener sich selbst befreit hat, oder der Zweck des Strafverfahrens, bzw. des Strafvollzuges sonstwie vereitelt wurde und der Verüber dies voraussehen konnte, ist die Strafe Kerker von sechs Monaten bis zu drei Jahren.

### Verbotene Mitteilung

**223[1])**

(1) Wer ohne behördliche Erlaubnis:

a) eine vor einem Zivil- oder Disziplinargericht unter Ausschluß der Öffentlichkeit stattgefundene Verhandlung ganz oder teilweise veröffentlicht;

b) eine Eingabe oder ein behördliches Schriftstück in einer Straf- oder Disziplinarsache, ferner eine Angelegenheit in einem vor dem Zivilgericht eingeleiteten Verfahren in Ehesachen, zur Feststellung der außerehelichen Geburt, zur Verlängerung der Minderjährigkeit, über eine Einweisung oder Entlassung aus einer Anstalt für Geisteskranke, die durch die Behörde nicht veröffentlicht wurde, — ganz oder teilweise — öffentlich bekannt macht, begeht, — soweit nicht eine schwerer zu bestrafende Handlung vorliegt — ein Verbrechen und wird mit Kerker bis zu drei Monaten bestraft.

(2) Der Justizminister setzt auf dem Verordnungsweg die Behörden fest, die zur Erteilung der Erlaubnis befugt sind.

(3) Dieser Punkt findet auf Veröffentlichungen in juristischen Fachzeitschriften, juristischen oder anderen wissenschaftlichen Sammlungen oder in Drucksachen mit ähnlicher Bestimmung — vorausgesetzt, daß in der Veröffentlichung die Namen der Parteien auch nicht aus den Anfangsbuchstaben erkenntlich sind — keine Anwendung.

---

[1]) § 96 des LIV. Gesetzes vom Jahre 1912.

## Anwaltliche Verbrechen

### 224

Ein Rechtsanwalt, der in einer, ihm in seiner Eigenschaft als Rechtsanwalt anvertrauten, Angelegenheit beiden Parteien mit Rat oder Tat pflichtwidrig dient oder der während des Verlaufes einer Streitsache die Vertretung seiner Partei niederlegt oder kündigt und ohne deren Erlaubnis die Vertretung der Gegenpartei übernimmt, wird mit Kerker bis zu drei Jahren bestraft. Ein Rechtsanwalt, der im Einverständnis mit der Gegenpartei zum Nachteil seiner eigenen Partei wirkt, wird mit Kerker von sechs Monaten bis zu fünf Jahren bestraft.

### 225

Ein Rechtsanwalt, der durch ein Geschenk oder ein Versprechen bestochen wurde und in einer Strafsache zum Schaden seines Klienten pflichtwidrig vorgeht, wird, wenn die Strafsache eine Regelverletzung betrifft, mit Kerker bis zu drei Monaten, wenn sie ein Verbrechen betrifft, dessen Strafe Kerker bis zu drei Jahren nicht übersteigt: bis zu einem Jahr; wenn sie ein Verbrechen betrifft, dessen Strafe schwerer als Kerker bis zu drei Jahren ist: mit Kerker von sechs Monaten bis zu fünf Jahren bestraft. Betrifft aber die Strafsache ein Verbrechen, das vom Gesetz mit lebenslangem Kerker oder mit dem Tode bedroht ist, tritt Kerker von einem bis zu fünf Jahren ein.

### 226

Wenn der Rechtsanwalt, der stellvertretende Rechtsanwalt und der Referendar ihre Amtspflichten mit der Absicht, ihrem Klienten gesetzwidrig Schaden zu verursachen, verletzen, begehen sie ein Verbrechen und werden mit Kerker bis zu drei Jahren bestraft.

## Winkelschreiberei[1])

### 227

(1) Wer für Gebühren oder irgendeine andere Gegenleistung:

a) vor Gericht oder einer Behörde einen anderen vertritt,

b) für einen andern eine Eingabe oder Urkunde verfaßt,

c) zu der Verrichtung der unter a und b angeführten Handlungen sich erbietet, ohne hierzu als eingetragener Rechtsanwalt, oder — ohne eingetragener Rechtsanwalt zu sein — gem. den Rechtsvorschriften befugt gewesen zu sein,

begeht das Verbrechen der Winkelschreiberei und wird mit Kerker bis zu drei Monaten bestraft.

(2) Wer durch Wort oder Schrift, durch die Presse oder auf irgendeine andere Art für sich den Anschein zu erwecken sucht, zur Ausübung der Anwaltschaft oder zur Verrichtung der im vorstehenden Absatz bezeichneten Handlungen berechtigt zu sein, wird — soweit nicht eine schwerer zu bestrafende Handlung vorliegt — ebenso bestraft. Die Mittel zur Vortäuschung der Berechtigung (Aushängeschild, Drucksachen, Stempel) sind, auch wenn sie nicht im Eigentum des Verurteilten stehen, einzuziehen.

---

[1]) Die Punkte 227 und 228 enthalten die §§ 1 Abs. 1 und 2 und 2 ferner § 4 Abs. 2 des III. Gesetzes vom Jahre 1934.

(3) Wird die Handlung durch einen der Rechtsanwaltschaft enthobenen oder suspendierten Rechtsanwalt oder durch einen aus der Referendarliste gestrichenen Referendar begangen oder

hat der Täter sich mit der Winkelschreiberei gewerbsmäßig befaßt oder

ist er wegen Winkelschreiberei bereits zweimal bestraft und sind seit der Verbüßung der letzten Strafe zehn Jahre noch nicht verstrichen,

ist die in diesem Absatz bezeichnete Handlung mit Kerker bis zu sechs Monaten zu bestrafen.

**228**

Im Falle einer Winkelschreiberei ist von der Verhandlung die Advokatenkammer, in deren Gebiet das Gericht wirksam ist, zu verständigen. Die Kammer wird im Verfahren durch ihren Anwalt vertreten, der die Rechte des Verletzten ausüben kann.

# DRITTER TEIL

## Strafhandlungen gegen die Volkswirtschaft

### X. KAPITEL

### Strafhandlungen gegen das gesellschaftliche Eigentum[1])

**229**

(1) Gesellschaftliches Eigentum ist — gem. § 4 der Verfassung — das Vermögen des Staates, der Körperschaften und der Genossenschaften.

(2) Gesellschaftliches Eigentum ist demnach das Vermögen, das im Eigentum des Staates, des staatlichen Unternehmens, der Genossenschaft oder der anderen Körperschaft steht. Als gesellschaftliches Eigentum ist, in bezug auf die Anwendung dieses Kapitels, auch das in der Benützung, bzw. unter der Verwaltung oder zur Verfügung des Staates, des staatlichen Unternehmens, der Genossenschaft oder einer anderen Körperschaft stehende Vermögen zu betrachten.

**230**

Der Diebstahl, die Unterschlagung, die widerrechtliche Aneignung und die vorsätzliche Beschädigung des im gesellschaftlichen Eigentum stehenden Vermögensgegenstandes wird mit Kerker von sechs Monaten bis zu fünf Jahren bestraft. Ebenso wird der Betrug bestraft, der dem im gesellschaftlichen Eigentum stehenden Vermögen Schaden verursacht.

**231**

Die mit der Verwaltung oder Wartung des im gesellschaftlichen Eigentum stehenden Vermögens beauftragte Person, die unter Mißbrauch ihrer Position entweder im eigenen materiellen Sinne oder in dem eines anderen dem gesellschaftlichen Eigentum Schaden zufügt, wird mit Kerker von sechs Monaten bis zu fünf Jahren bestraft.

**232**

(1) Hat das gegen das gesellschaftliche Vermögen begangene Verbrechen einen besonders großen Schaden verursacht, ist die Strafe Kerker von sechs Monaten bis zu zehn Jahren.

---

[1]) Die Punkte 229—236 B enthalten die §§ 2—11 der gk. VO 24 vom Jahre 1950 und sind modifiziert durch die §§ 1—5 der gk. VO Nr. 11 vom Jahre 1956.

(2) Hat dieselbe Person wiederholt Verbrechen gegen das gesellschaftliche Eigentum begangen, oder

nehmen an der Begehung der Handlung zwei oder mehrere Mitglieder einer Verbindung teil, ist die Strafe ebenfalls Kerker von sechs Monaten bis zu zehn Jahren. Hat ein solches Verbrechen einen besonders großen Schaden verursacht, ist auf Todesstrafe zu erkennen.

**233**

Bei vorsätzlicher Brandstiftung oder Sprengung eines im gesellschaftlichen Eigentum stehenden Vermögensgegenstandes, sowie bei der Verursachung eines besonders großen Schadens, fällt auch der Raub eines solchen Vermögensgegenstandes unter die Todesstrafe.

**234**

Wer von der Planung eines nach den vorstehenden Absätzen zu bestrafenden Verbrechens glaubhaft erfährt und den Behörden nicht so bald als möglich Anzeige erstattet, wird wegen Verbrechens mit Kerker bis zu einem Jahr bestraft.

**235**

(1) Wer durch oberflächliche, nachlässige oder leichtsinnige Verwaltung, bzw. fahrlässige Beschädigung dem gesellschaftlichen Vermögen einen Schaden zufügt, wird mit Kerker von sechs Monaten bis zu zwei Jahren bestraft.

(2) Hat die in Abs. 1 bezeichnete Handlung einen besonders großen Schaden verursacht, ist die Strafe Kerker bis zu zehn Jahren.

**236**

(1) Ist das in Punkt 230 und in Punkt 235 Abs. 1 bezeichnete Verbrechen — in Anbetracht aller Umstände des Falles — von kleinerer Bedeutung, wird auf Kerker bis zu einem Jahr erkannt. Die Anwendung der Vorschriften des Punktes 232 Abs. 2 ist jedoch nicht statthaft und die Bestimmungen des Punktes 230, bzw. des Punktes 235, sind anzuwenden, wenn das Gericht die Vorschriften dieses Absatzes deshalb nicht für anwendbar hält, weil der Täter früher schon ein Verbrechen gegen das gesellschaftliche Eigentum begangen hat.

(2) Übersteigt der verursachte Schaden zweihundert Forint nicht und liegen die Voraussetzungen einer Regelverletzung vor, sind die in diesem Kapitel bezeichneten Handlungen gegen das gesellschaftliche Eigentum als Regelverletzungen zu beurteilen.

**236 A**

(1) Sofern in einer anderen Bestimmung des Strafgesetzes für eine in diesem Kapitel bezeichnete Handlung eine schwerere Strafe vorgesehen ist, ist die schwerere Strafe anzuwenden.

(2) Die Vorschriften des Abs. 1 können nicht angewendet werden, wenn:

a) der Diebstahl durch eine im Dienst befindliche Person zu Lasten ihrer Dienstgeber begangen wurde;
b) der Diebstahl an Personen begangen wird, die mit dem Diebe in Hausgemeinschaft oder im gemeinschaftlichen Haushalte leben;
c) elektrischer Strom gestohlen wurde.

**236 B**

(1) Der Leiter (Direktor, Disziplinarbehörde) des verletzten Unternehmens (Institution, Genossenschaft usw.) beurteilt auf dem Disziplinarwege unter Übergehung einer Strafanzeige die in Punkt 230 Abs. 1 bezeichnete Handlung einer bei dem Unternehmen (Institution, Genossenschaft usw.) im Arbeitsverhältnis stehenden Person oder eines Genossenschaftmitgliedes, das

wegen eines vorsätzlichen Vermögensdeliktes innerhalb von fünf Jahren nicht bestraft worden ist und

den Ersatz des Schadens auf sich genommen hat,

vorausgesetzt, daß in Anbetracht aller Umstände des Falles — besonders der Persönlichkeit des Verübers — der Disziplinarweg als zufriedenstellend erscheint. In diesem Falle kann vom Strafverfahren Abstand genommen, bzw. das Strafverfahren eingestellt werden.

(2) Wenn die Vorschriften des Abs. 1 gegen den Verüber innerhalb von drei Jahren bereits angewendet wurden, kann die Übergehung der Strafanzeige nicht stattfinden.

## XI. KAPITEL

### Planstrafhandlungen[1])

**237**

Wer die Verwirklichung des volkswirtschaftlichen Planes oder eines Teilplanes dadurch gefährdet, daß er irgendeine Sache vorsätzlich beschädigt, zum bestimmungsgemäßen Gebrauch ungeeignet macht oder vernichtet, begeht ein Verbrechen und wird mit Kerker von einem bis zu fünf Jahren bestraft.

**238**

Wer in schädigender Absicht, so besonders um die Verwirklichung des Volkswirtschaftsplanes oder eines Teilplanes zu gefährden oder die Interessen der Volkswirtschaft sonstwie zu verletzen:

a) die Tätigkeit des Unternehmens (Betriebes) einstellt oder einschränkt, oder die Arbeit in seinem Bereich oder für das Unternehmen (Betrieb) säumig, mangelhaft oder fehlerhaft ausführt, bzw. ausführen läßt;

b) eine Produktion betreibt, die mit einer unvernünftigen Vergeudung von Materialien, Energie oder Arbeitskraft verbunden ist,
dem Grade der bestehenden oder voraussichtlichen Bedürfnisse oder dem Zeitpunkt ihres Auftretens oder allgemein den Erfordernissen der vernünftigen Wirtschaftsführung nicht entspricht;

c) das zu seiner Verfügung stehende, den Zwecken des Unternehmens (Betriebes) dienende Kapital ungenützt läßt — einerlei ob es Eigenkapital ist oder aus Krediten stammt —,

begeht ein Verbrechen und wird mit Kerker von einem bis zu fünf Jahren bestraft.

**239**

(1) Hat die Handlung die Verwirklichung des Volkswirtschaftsplanes oder eines Teilplanes schwer gefährdet oder verletzt, ist die Strafe der in den Punkten 237 und 238 bezeichneten Verbrechen Kerker von einem bis zu zehn Jahren. Hat durch die Handlung die Verwirklichung des Volks-

---

[1]) Die Punkte 237—251 enthalten die §§ 1—16 der gk. VO Nr. 4 vom Jahre 1950.

wirtschaftsplanes oder allgemein die Ordnung der Volkswirtschaft einen besonders schweren Schaden erlitten, ist auf Todesstrafe zu erkennen.

(2) Wurde die Handlung in bezug auf eine Fabrik, ein Bergwerk, einen Verkehrsbetrieb, ein Kraftwerk, einen größeren landwirtschaftlichen Betrieb (Wirtschaft) oder einen ähnlich wichtigen Betrieb (Anstalt, Institution usw.) begangen und ist demzufolge die Tätigkeit des Betriebes (Anstalt, Instituion usw.) — wenn auch nur vorübergehend — lahmgelegt worden, oder wurde die in Punkt 237 bezeichnete und unter Abs. 1 Satz 1 dieses Punktes fallende Handlung durch dieselbe Person gleichzeitig oder innerhalb von kurzen Zeitabständen begangen,

ist die Strafe für die in Punkt 237 bezeichneten Verbrechen ebenfalls die Todesstrafe.

**240**

(1) Wer seine Pflichten hinsichtlich der Rechtsvorschriften, oder auf Grund von solchen Rechtsnormen ergangenen behördlichen Weisungen über die Herstellung (Erzeugung), Verwaltung, Verwendung, Anmeldung, zur Verfügungstellung, Anschaffung oder den Umsatz irgendeines Produktes oder Erzeugnisses vorsätzlich verletzt und somit die Verwirklichung des Volkswirtschaftsplanes oder eines Teilplanes gefährdet,

begeht ein Verbrechen.

(2) Produkte sind im Sinne dieses Kapitels die Rohstoffe (Betriebsstoff, Hilfsstoff), Halbfabrikate und Fertigware, Erzeugnisse, Nutztiere, tierische oder pflanzliche Produkte. Die Produktionsmittel — einerlei ob sie beweglich oder unbeweglich sind — fallen unter die gleiche Beurteilung wie die Produkte und Früchte.

**241**

(1) Wer:

a) bei der Aufstellung der Teilpläne die Leistungsfähigkeit des Unternehmens (Betrieb) verheimlicht, um damit die Interessen der Volkswirtschaft zu verletzen,

b) ohne dringende Notwendigkeit vom Teilplan wesentlich abweicht und damit seine Verwirklichung gefährdet,

begeht ein Verbrechen.

(2) Wer:

a) seine Pflichten hinsichtlich der Einreichung eines Teilplanes, der in den Rahmen des Wirtschaftsplanes gehört, verletzt,

b) entgegen den Rechtsvorschriften, ohne Genehmigung, Investitionen oder Erneuerungen durchführt,

begeht ein Verbrechen.

(3) Vor der Genehmigung des Teilplanes ist der eingereichte Teilplan, nach seiner Bewilligung sein Inhalt, maßgebend.

(4) Im Sinne dieses Kapitels gelten als Unternehmen (Betrieb) alle diejenigen, die eine zur Urproduktion (Landwirtschaft, Tierzucht, Bergbau usw.), zur Industrie oder zum Handel (Verkehr) gehörende Tätigkeit ausüben.

**242**

Wer seine Pflichten hinsichtlich der Handels-(Geschäfts-)buchführung oder Ausarbeitung der Schlußabrechnung verletzt, um die Durchführung des Teilplanes oder die Aufsicht über seine Durchführung, bzw. die Feststellung der tatsächlichen Vermögenslage des Unternehmens (Betrieb) zu verhindern oder zu vereiteln,

begeht ein Verbrechen.

243

Wer im Rahmen der in Zusammenhang mit dem Volkswirtschaftsplan vorgeschriebenen Berichterstattung oder Materialsammlung, das Landesplanungsamt oder das Zentrale Amt für Statistik durch unwahre Berichterstattung oder unwahre Angaben irrezuführen sucht,

begeht — soweit nicht eine schwerer zu bestrafende Handlung vorliegt — ein Verbrechen.

244

Das Mitglied oder Organ der Behörde, das durch vorsätzliche Verletzung seiner Amtspflichten hinsichtlich des Volkswirtschaftsplanes, die Verwirklichung des Volkswirtschaftsplanes oder eines Teilplanes gefährdet,

begeht ein Verbrechen.

245

(1) Die in den Punkten 240—244 bezeichneten Verbrechen werden mit Kerker bis zu zwei Jahren bestraft.

(2) Die in Punkt 240 Abs. 1 sowie in Punkt 241 Abs. 1 und 2 bezeichnete Handlung wird mit Kerker von sechs Monaten bis zu fünf Jahren bestraft, wenn die Verwirklichung des Volkswirtschaftsplanes oder eines Teilplanes schwer gefährdet oder verletzt wurde.

(3) Wurde die unter Abs. 2 dieses Punktes fallende Handlung in bezug auf eine beträchtliche Produktenmenge begangen oder hat die Handlung für die Verwirklichung des Volkswirtschaftsplanes oder allgemein der Ordnung der Volkswirtschaft einen besonders schweren Schaden verursacht oder sind die unter Abs. 2 dieses Punktes fallenden Handlungen durch dieselbe Person gleichzeitig oder innerhalb kurzer Zeitabstände begangen worden,

ist die Strafe Kerker von einem bis zu zehn Jahren.

(4) Die in Punkt 244 bezeichnete Handlung wird mit Kerker von einem bis zu zehn Jahren bestraft, wenn die Verwirklichung des Volkswirtschaftsplanes oder eines Teilplanes schwer gefährdet oder verletzt wurde. Wenn jedoch durch die Handlung die Verwirklichung des Volkswirtschaftsplanes oder allgemein die Ordnung der Volkswirtschaft einen besonders schweren Schaden erlitten hat,

ist auf Todesstrafe zu erkennen.

246

Bei fahrlässiger Begehung werden die in den Punkten 240—244 bezeichneten Handlungen dieses Kapitels mit Kerker bis zu sechs Monaten, die in den Punkten 237 und 238 bezeichneten Verbrechen, sowie die in Punkt 245 Abs. 2—4 bezeichneten Verbrechen mit Kerker bis zu zwei Jahren bestraft.

247

Die Erzeugnisse, hinsichtlich derer die in diesem Kapitel bezeichneten Strafhandlungen begangen wurden, sind auch in dem Fall einzuziehen, daß sie nicht Eigentum des Verübers, sondern eines Dritten sind und der Eigentümer von der Begehung der Strafhandlung vorher Kenntnis gehabt hat oder unter den obwaltenden Umständen hätte haben müssen. Die Einziehung ist auch dann anzuordnen, wenn das Strafverfahren wegen Tod des Beschuldigten oder aus einem anderen Grunde nicht fortgesetzt werden kann. Bei dem Verfahren ist der § 229 der Ungarischen Strafprozeßordnung entsprechend anzuwenden.

**248**

(1) Das Gericht kann gegen den Verüber, wegen der in den Punkten 237 und 238 bezeichneten Verbrechen, sowie wegen der in Punkt 245 Abs. 1—4 bezeichneten Verbrechen unter Anwendung des § 38 des StGBA, auf Vermögenseinziehung erkennen.

(2) Gegen den Verüber kann auf Ausweisung aus der Gemeinde, in der er die Handlung begangen hat, unter Anwendung des § 45 StGBA, erkannt werden.

(3) Gegen denjenigen, der die Handlung in Verbindung oder im Rahmen seiner Erwerbstätigkeit begangen hat, kann, unter Anwendung der §§ 43 und 44 StGBA, auf die Untersagung der Berufsausübung erkannt werden.

(4) Die Verletzung oder Umgehung der Anordnungen des Urteils, die sich auf die Abs. 2 und 3 dieses Punktes gründen, ist ein Verbrechen und wird mit Kerker bis zu zwei Jahren bestraft.

**249**

Wer zur Begehung der in diesem Kapitel bezeichneten Strafhandlungen einen anderen auffordert, sich zur Begehung erbietet oder die gemeinsame Begehung vereinbart,

wird nach den für den Versuch geltenden Vorschriften bestraft. Diese Vorschrift berührt nicht den Abs. 2 des § 20 StGBA, nach dem der Anstifter gleich dem Täter zu bestrafen ist.

**250**

Bei Pflichtverletzungen, die eine Behörde, ein Amt, eine Institution, ein Unternehmen, einen Betrieb oder ein anderes Institut belasten, ist wegen der Strafhandlung die Person, deren Verfügungen oder andere Amtshandlungen die Pflichtverletzung verursacht haben, zu bestrafen. Wenn jedoch die Pflichtverletzung in einem Unterlassen besteht, trifft die strafrechtliche Verantwortung die Person, zu deren Pflichten die entsprechende Verfügung oder Tätigkeit gehört hätte.

**251**

Wurden die in diesem Kapitel bezeichneten Strafhandlungen durch den Angestellten einer Behörde, eines Amtes, einer Institution, eines Unternehmens, eines Betriebes oder eines anderen Institutes in seinem Amts- oder Auftragsbereich begangen

und ist in der Ausübung der Aufsicht oder Überwachung — vorsätzlich oder fahrlässig — eine Unterlassung festzustellen,

wird die mit der Aufsicht oder Überwachung beauftragte Person, bzw. der Auftraggeber, im Falle der in den Punkten 237 und 238 sowie in Punkt 245 Abs. 2—4 bezeichneten Verbrechen, mit Kerker bis zu drei Jahren, sonst mit Kerker bis zu zwei Jahren bestraft.

252[1])

(1) Das Strafverfahren kann wegen der in diesem Kapitel bezeichneten Strafhandlungen — mit Ausnahme des Punktes 237 — nur auf Anzeige des Vorsitzenden des Landesplanungsamtes oder im Fall der in Punkt 243 bezeichneten Straftat auf Anzeige des zuständigen Ministers, oder ferner noch auf Anzeige des Vorsitzenden des Zentralen Amtes für Statistik eingeleitet werden. Der Minister kann auch ein anderes Organ zur Erstattung der Anzeige bestimmen.

(2) In den Fällen, in denen die Straftat, die auf dem Gebiet des Geldverkehrs und der Kreditbewirtschaftung begangen wurde, durch die Organe der Ungarischen Nationalbank aufgedeckt wird, steht das Anzeigerecht dem Vorsitzenden der Ungarischen Nationalbank zu.

## XII. KAPITEL

### Strafhandlungen gegen die Arbeitsdisziplin

### Durch die Verletzung der arbeitsrechtlichen Vorschriften begangene Verbrechen

253[2])

253 A[3])

(1) Wer die durch das Arbeitsgesetzbuch und seine Vollstreckungsverordnungen gesicherten Rechte und gesetzlichen Interessen der Werktätigen schwer verletzt, so besonders, wer:

a) einen Werktätigen unter Verletzung der Vorschriften des § 33 des Arbeitsgesetzbuchs ohne Durchführung eines Disziplinarverfahrens entläßt;
b) den rechtskräftigen Beschluß vorsätzlich nicht vollstreckt, der die Aufhebung der durch die rechtswidrige Entlassung, die Zurückhaltung des Arbeitsbuches oder die unrichtigen Eintragungen in das Arbeitsbuch entstandenen nachteiligen Folgen anordnet;
c) die Vorschriften hinsichtlich der Überstunden, sowie der Arbeit am wöchentlichen Ruhetag, bzw. an Feiertagen, wiederholt verletzt oder umgeht;
d) den dem Werktätigen gebührenden ordentlichen Urlaub unbegründet verweigert;
e) einen Werktätigen unter Verletzung der Arbeitsschutzregeln unter Arbeitsbedingungen arbeiten läßt, die die Verminderung oder den Verlust seiner Arbeitsfähigkeit verursacht haben oder hätten verursachen können;
f) den arbeitenden Frauen (schwangeren Frauen, stillenden Müttern) und den Jugendlichen, die in den Rechtsvorschriften festgelegten Arbeitsbedingungen nicht sichert;
g) die Arbeitsaufnahme einer schwangeren Frau oder stillenden Mutter wegen dieses Umstandes verweigert, ihren Arbeitslohn vermindert oder ihr Arbeitsverhältnis auflöst,

begeht ein Verbrechen.

---

1) § 36 der gk. VO Nr. 31 vom Jahre 1951.

2) Außer Kraft gesetzt durch § 253 Abs. 1 b der VO des Ministerrates Nr. 53/1953 (XI.28) M. T.

3) § 153 der gk. VO Nr. 7 vom Jahre 1951, modifiziert durch § 73 der gk. VO Nr. 25 vom Jahre 1953.

(2) Wer:

a) die Verfügungen des Kollektivvertrages vorsätzlich verletzt oder umgeht, bzw. den Beschluß des Schlichtungsausschusses nicht vollstreckt;

b) Werktätige ohne Arbeitsbuch — entgegen den bestehenden Vorschriften — gruppenweise oder wiederholt anstellt;

c) vorsätzlich weniger oder mehr auszahlt, als der dem Werktätigen gebührende Arbeitslohn beträgt (die anderen Bezüge inbegriffen),

begeht ein Verbrechen.

(3) Die Strafe der in Abs. 1 und 2 bezeichneten Verbrechen ist Kerker bis zu sechs Monaten.

### Verbrechen in Verbindung mit der Arbeitskraftanwerbung

#### 254[1])

(1) Wer im Interesse der Arbeitskraftanwerbung Gewalt anwendet oder unwahre Arbeits- und Lohnbedingungen angibt, begeht ein Verbrechen und wird — soweit nicht eine schwerer zu bestrafende, besonders eine unter die Vorschriften des Kapitels XI fallende Handlung vorliegt — mit Kerker bis zu zwei Jahren bestraft.

(2) Die in der Anwerbung mitwirkenden Personen sind, im Hinblick auf die Anwendung der strafrechtlichen Vorschriften als öffentliche Beamte zu betrachten.

#### 255[2])—256[3])

### Gemeingefährliche Arbeitsscheu[4])

#### 257

Der Arbeitsfähige, der aus Arbeitsscheu als Landstreicher umherzieht oder sonst ein arbeitsscheues Leben führt, wird wegen Verbrechens mit Kerker bis zu zwei Monaten bestraft.

#### 258

Wurde der Täter auf Grund des Punktes 257 bereits zweimal bestraft und sind seit der Verbüßung der letzten Strafe zwei Jahre noch nicht verstrichen, wird das in Punkt 257 bezeichnete Verbrechen mit Kerker bis zu drei Monaten bestraft.

#### 259

Das in Punkt 257 bezeichnete Verbrechen wird mit Kerker bis zu sechs Monaten bestraft, wenn:

a) der Täter sich selbst oder seine Familie durch die arbeitsscheue Lebensweise dem moralischen Verfall aussetzt, oder

b) wenn aus Tatsachen festzustellen ist, daß der Täter sich in der Regel durch die Begehung von Straftaten erhält.

---

[1]) § 12 der VO des Ministerrates Nr. 40/1951 (II.11) M. T.

[2]) Enthielt den Tatbestand des Verbrechens der Abwerbung von Arbeitskräften. Außer Kraft gesetzt durch § 253 Abs. 1 b der VO des Ministerrates Nr. 53/1953 (XI.28) M. T.

[3]) Enthielt den Tatbestand des Verbrechens der Gefährdung der Interessen der Arbeitskraftbewirtschaftung. Außer Kraft gesetzt durch § 253 Abs. 1 b der VO des Ministerrates Nr. 53/1953 (XI.28) M. T.

[4]) Die Punkte 257—264 enthalten die §§ 1, 2, 3, 4, 6, 8 Abs. 2, 9 und 19 des XXI. Gesetzes vom Jahre 1913.

**260**

Wegen Verbrechens wird mit Kerker bis zu sechs Monaten bestraft, wer:

a) sich von an öffentlichen oder der Öffentlichkeit zugänglichen Orten betriebenen, verbotenen Glücksspielen erhält, oder die Leidenschaft, den Leichtsinn, die Unerfahrenheit oder die geistige Schwäche anderer geschäftsmäßig ausnützt, oder

b) durch eine Frau, die gewerbsmäßig Unzucht treibt, seinen Lebensunterhalt bezieht.

**261**

(1) Das Gericht kann denjenigen mit Kerker von einem bis zu drei Jahren bestrafen, der

auf Grund der Punkte 258, 259 oder 260 bereits vorbestraft ist und innerhalb von zwei Jahren, von der Verbüßung der letzten Strafe an gerechnet, unter einen der Punkte 257—260 fällt.

(2) Das Gericht kann im Fall des Abs. 1 auf Kerkerstrafe bis zu einem Jahr erkennen, wenn aus der Persönlichkeit des Verurteilten und den Umständen des Falles, begründet darauf geschlossen werden kann, daß der Täter nach der Verbüßung der Strafe ein arbeitsames Leben führen wird.

**262**

§ 51 StGBA kann in den Fällen der Punkte 258—260 und des Punktes 261 Abs. 2 nicht angewendet werden.

**263**

Gegen die auf Grund der Punkte 257—261 Verurteilten kann — unter Anwendung des § 45 StGBA — auf Ausweisung erkannt werden.

**264**

(1) Gegen Geistesgestörte können die Vorschriften der Punkte 257—263 nicht angewendet werden.

(2) Diese Personen werden durch das Gericht — wenn ein besonderes Gesetz nichts über sie bestimmt — den Staatsverwaltungsorganen übergeben.

## XIII. KAPITEL

### Preistreiberei und Strafhandlungen gegen die öffentliche Versorgung[1])

**265**

Wer:

a) für Waren mehr als den behördlich festgesetzten Höchstpreis — bzw. eine andere Gegenleistung, deren Wert den Höchstpreis übersteigt — fordert, ausbedingt oder annimmt,
oder Waren zum Zweck des Wiederverkaufs für einen den Höchstpreis überbietenden Preis — bzw. für eine andere Gegenleistung, deren Wert den Höchstpreis übersteigt — kauft oder einen solchen Preis — bzw. Gegenleistung — anbietet oder verspricht (Preisüberschreitung);

b) für Waren, deren Höchstpreis nicht behördlich festgesetzt wurde, einen solchen Preis oder eine andere Gegenleistung fordert, ausbedingt oder annimmt, welche — in Anbetracht der Herstellungs- oder Produktions-,

---

1) Die Punkte 265—270 und 272—279 enthalten die §§ 1—4, 7—12, 14—16 und 17—19 der VO des Ministerpräsidenten Nr. 8800/1946 (VII.28) M. E.

bzw. der Anschaffungs- und anderer Kosten, sowie aller anderen Umstände, besonders auch der Wirtschaftsverhältnisse — einen den angemessenen Nutzen übersteigenden Gewinn enthält (Warenwucher);

c) mit Waren auf preistreiberische Weise spekuliert, besonders den Preis der Waren durch unnötigen Zwischenhandel (Kettenhandel) verteuert (preistreiberische Spekulation);

d) Waren des allgemeinen Bedarfes, zum Zwecke der Verteuerung des Artikels oder Beibehaltung der hohen Preise verbirgt, verheimlicht oder vor dem Handelsumsatz hortet, ihre Herstellung (Produktion) oder den Handel mit ihnen beschränkt oder einstellt (Warenvorenthaltung);

e) den Behörden wissentlich unwahre Angaben vorlegt, um die Behörden hinsichtlich eines bei der Preisbestimmung wesentlichen Umstandes zu täuschen oder einen Irrtum zu erhalten (preistreiberischer Betrug), begeht einen preistreiberischen Mißbrauch.

**266**

(1) Als ein den angemessenen Nutzen übersteigender Gewinn ist — unter Anwendung des Punktes 256 b — der Gewinn zu betrachten, der, unter Überschreitung des behördlich festgesetzten Gewinnanteils, bzw. unter Verletzung oder Umgehung der für die Errechnung der Kosten festgesetzten Regeln, erreicht oder beabsichtigt wurde.

(2) Der gewerbsmäßige Handel mit Waren ohne Gewerbeschein ist für die Anwendung des Punktes 265 c als preistreiberische Spekulation zu betrachten.

(3) Die Verletzung oder Umgehung der Regeln über die obligatorische Offenhaltung der Geschäfte ist für die Anwendung des Punktes 265 d als Warenvorenthaltung zu betrachten.

**267**

Wer für eine Ware, deren Richtpreis behördlich festgesetzt wurde, einen Preis oder eine andere Gegenleistung fordert, ausbedingt oder annimmt, die den Richtpreis nicht übersteigt, fällt nicht unter den Punkt 265 b.

**268**

Für die Anwendung des Punktes 265 wird die Vermietung von Wohnungen oder anderen Räumlichkeiten, die Spedition von Waren, sowie jede Arbeit oder Dienstleistung eines industriellen oder Handelsunternehmens den Waren gleichgestellt.

**269**

Eine die Interessen der öffentlichen Versorgung gefährdende Handlung begeht, wer:

a) seinen gesetzlichen Pflichten hinsichtlich der Erzeugung, bzw. der Produktion von Produkten (Tiere, tierische oder pflanzliche Produkte) oder Erzeugnissen (Rohstoffe, Halbfabrikate oder Fertigwaren) nicht nachkommt, oder
wer solche Produkte oder Erzeugnisse nicht oder nicht in dem Umfang bzw. in dem Verfahren erzeugt oder herstellt, wie es durch die Rechtsnormen vorgeschrieben ist;

b) entgegen den gesetzlichen Vorschriften oder unter Verletzung der Regeln der ordnungsgemäßen Wirtschaft, den zu seiner Verfügung stehenden Vorrat von Produkten oder Erzeugnissen verwendet, verzehrt, vernichtet, sonstwie unbrauchbar macht oder für deren brauchbare Erhaltung nicht sorgt;

c) den Produkten- oder Erzeugnisvorrat durch die Versäumung der behördlich angeordneten Anmeldung, durch falsche oder mangelhafte Anmeldung verheimlicht;

d) einen zu Zwecken der öffentlichen Versorgung oder der Materialbewirtschaftung beschlagnahmten Vorrat von Produkten oder Erzeugnissen entgegen den gesetzlichen Vorschriften oder behördlichen Anweisungen verheimlicht, verbirgt, veräußert, der öffentlichen Versorgung oder der Materialbewirtschaftung sonstwie vorenthält oder die behördlich angeordneten Pflichten bezüglich der Übergabe oder der Versendung der Vorräte nicht erfüllt;

e) den zu seiner Verfügung stehenden Vorrat von Produkten oder Erzeugnissen entgegen den Rechtsvorschriften dem Handelsumsatz vorenthält oder nicht in vorgeschriebener Weise, Menge oder zum vorgeschriebenen Zweck in Umlauf bringt, bzw. die beschränkenden Bestimmungen über deren Transport, die auf Rechtsvorschriften beruhen, verletzt oder umgeht;

f)[1]

g) Produkte oder Erzeugnisse einem gesetzlichen Verbot zuwider ausführt.

**270**

Eine die Interessen der öffentlichen Versorgung gefährdende Handlung begeht auch, wer:

a) Produkte oder Erzeugnisse dem Verbot der Rechtsnormen zuwider oder in verbotener Menge oder Weise oder — nicht zum Zwecke des Wiederverkaufes — unter Überschreitung des behördlich festgesetzten Höchstpreises einkauft;

b) sich die Berechtigung (behördlichen Schein, Anweisung usw.) zum Einkauf, Transport oder Verwendung von Produkten und Erzeugnissen, durch Verschweigen der Wahrheit oder durch andere Vorspiegelungen erschleicht oder mit einer solchen Berechtigung (behördlichen Schein, Anweisung usw.) Schleichhandel betreibt;

c) eine, den Einkauf, den Transport oder die Verwendung von Produkten und Erzeugnissen bescheinigende falsche öffentliche Urkunde (behördlichen Schein, Anweisung usw.) herstellt, oder eine solche echte öffentliche Urkunde durch Veränderung ihres Inhaltes verfälscht,
ebenso wer eine durch Dritte hergestellte, falsche oder gefälschte öffentliche Urkunde (behördlichen Schein, Anweisung usw.) wissentlich in Umlauf bringt, sich verschafft oder verwendet.

**271**[2]

Den Produkten bzw. Erzeugnissen werden für die Anwendung dieses Kapitels auch die — beweglichen oder unbeweglichen — Produktionsmittel gleichgestellt.

**272**

(1) Der preistreiberische Mißbrauch und ebenso die die Interessen der öffentlichen Versorgung gefährdende Handlung bilden ein Verbrechen und werden mit Kerker von sechs Monaten bis zu fünf Jahren bestraft.

---

[1]) Außer Kraft gesetzt durch die gk. VO Nr. 21 vom Jahre 1956 über die Abschaffung des Abgabensolls.

[2]) § 3 der VO des Ministerrates Nr. 56/1950 (II.16) M.T.

(2) Die Strafe des in Abs. 1 bezeichneten Verbrechens ist Kerker von einem bis zu zehn Jahren, wenn der Verüber wegen einer Straftat:

a) nach dem XV. Gesetz vom Jahre 1920 über die preistreiberischen Mißbräuche,

nach den §§ 5—8 des XVIII. Gesetzes vom Jahre 1940 über die Bestrafung einzelner die Sicherheit und die internationalen Interessen des ungarischen Staates gefährdenden Handlungen,

nach dem X. Gesetz vom Jahre 1941 über die Bestrafung der Handlungen, die die Interessen der öffentlichen Versorgung gefährden,

nach dem VI. Gesetz vom Jahre 1944 über die erhöhte Bestrafung einzelner Handlungen, die die nationale Wirtschaftsordnung stören,

oder nach den Vorschriften dieses Kapitels — mit Ausnahme der Punkte 278 und 279 — begangen hat und

nach dem 1. Juli 1945 bereits bestraft wurde und seit der Verbüßung der Strafe bis zur Begehung der neuen Handlung fünf Jahre noch nicht verstrichen sind oder wenn der Verüber:

b) aus dem unbefugten Gewinn wissentlich eine ständige Einnahmequelle zu gestalten versucht hat (gewerbsmäßige Begehung) oder

c) mit der Handlung einen beträchtlichen Gewinn erreicht hat oder zu erreichen versuchte oder die Handlung hinsichtlich einer beträchtlichen Menge von Produkten oder Erzeugnissen begangen wurde.

(3) Bei der Anwendung dieses Kapitels wird der Gewinn als unbefugt betrachtet, den der Verüber wissentlich für sich oder für andere gesetzwidrig erzielt hat oder zu erzielen versuchte. Die durch mehrere Handlungen erzielten Gewinne oder die zu erzielen versucht wurden, sind zusammenzurechnen.

(4) Wer die Interessen der Wirtschaftsordnung durch eine unter Abs. 2 fallende Handlung schwer verletzt hat, wird mit dem Tode bestraft.

### 273

(1) Wenn der Verüber durch die Handlung einen verschwindend geringen unbefugten Gewinn erzielt hat oder zu erzielen versuchte oder wenn die Handlung hinsichtlich einer verschwindend geringen Menge von Produkten oder Erzeugnissen begangen wurde, wird der preistreiberische Mißbrauch und ebenso die die Interessen der öffentlichen Versorgung gefährdende Handlung mit Kerker bis zu drei Jahren bestraft.

(2) Wenn die Handlung hinsichtlich einer verschwindend geringen Menge von Lebens- oder Heizmitteln begangen wird, die zur Befriedigung der persönlichen Bedürfnisse des Verübers oder der in seinem Haushalt lebenden oder der durch ihn unterhaltenen Personen dienen, ist die in Punkt 269 e bezeichnete Verletzung oder Umgehung der beschränkenden Vorschriften des Transportes eine Regelverletzung.

(3) Wenn die in Punkt 270 a bezeichnete Handlung hinsichtlich einer im vorstehenden Absatz benannten Menge von Produkten und Erzeugnissen begangen wird, ist auf eine Regelverletzung zu erkennen.

### 274

Die Waren, Produkte oder Erzeugnisse, bezüglich derer die Handlung begangen wurde, sind auch dann einzuziehen, wenn sie nicht Eigentum des Verübers, sondern eines Dritten sind und dieser von der Begehung der

Straftat Kenntnis gehabt hat oder unter den obwaltenden Umständen hätte haben müssen. Die Einziehung ist auch dann anzuordnen, wenn das Strafverfahren wegen des Todes des Beschuldigten, seiner Abwesenheit oder aus einem anderen Grunde nicht fortgesetzt werden kann. Bei dem Verfahren ist der § 229 der ungarischen Strafprozeßordnung entsprechend anzuwenden.

**275**

(1) Gegen den Verüber des nach Punkt 272 strafbaren Verbrechens erkennt das Gericht, unter Anwendung des § 38 StGBA auf Vermögenseinziehung. Bei der Verhängung der Todesstrafe ist das gesamte Vermögen einzuziehen.

(2) Gegen den Verüber des nach Punkt 272 strafbaren Verbrechens kann auf Ausweisung aus der Gemeinde, in der er die Handlung begangen hat, unter Anwendung des § 45 StGBA erkannt werden.

(3) Im Falle eines nach Punkt 272 strafbaren Verbrechens ist auf die Veröffentlichung des Urteils oder der Urteilsformel auf Kosten des Verübers, bei Ausländern durch Anschlag an der Bekanntmachungstafel des Gerichtes, bei Inländern durch eine in seinem Wohnort erscheinende Zeitung, und in Ermangelung einer solchen, durch die an seinem Wohnort übliche Weise, zu erkennen. Das Gericht kann die Veröffentlichung auch so anordnen, daß sie nur eine kurze Bekanntmachung der Angaben über die Personalien des Verübers, die Straftat und die zugemessene Strafe enthält. In diesem Fall bestimmt das Gericht den Text der Veröffentlichung in der Urteilsformel.

(4) Gegen denjenigen, der das nach Punkt 272 strafbare Verbrechen in Zusammenhang oder im Rahmen seines Geschäftes begangen hat, kann — unter Anwendung der §§ 43 und 44 StGBA — auf die Untersagung der Berufsausübung erkannt werden.

(5) Die Verletzung oder Umgehung der Anordnungen des Urteils, die auf den Abs. 2—4 beruhen, ist ein Verbrechen und wird mit Kerker von sechs Monaten bis zu fünf Jahren bestraft.

**276**

(1) Wer zur Begehung von preistreiberischem Mißbrauch oder zu einer die Interessen der öffentlichen Versorgung gefährdenden Handlung auffordert oder sich dazu erbietet, sich mit anderen vereinbart oder sich dazu vereinigt, wird nach den für den Versuch geltenden Vorschriften bestraft.

(2) Wird der preistreiberische Mißbrauch oder die die Interessen der öffentlichen Versorgung gefährdende Handlung durch Angestellte oder Beauftragte eines Betriebes oder Unternehmens in ihrem Dienst- oder Auftragsbereich begangen und wird

in der Ausübung der Aufsicht oder Überwachung eine — vorsätzliche oder fahrlässige — Unterlassung festgestellt, so

wird die mit der Aufsicht oder Überwachung beauftragte Person, und in Ermangelung einer solchen der Eigentümer oder der verantwortliche Leiter des Unternehmens, bzw. der Auftraggeber, mit Kerker bis zu fünf Jahren bestraft. In diesem Fall kann, wenn die Handlung im Interesse des Unternehmens, bzw. des Auftraggebers begangen wurde, das Unternehmen (Auftraggeber), neben dem Verüber auf Zahlung des in der Vermögenseinziehung bestimmten Wertes verurteilt werden.

(3) Bei preistreiberischem Mißbrauche kann der Verletzte die Ermäßigung des Preises, die Erfüllung einer der eigenen Leistung entsprechenden Gegenleistung oder die Rückerstattung oder Ersetzung des Mehrwertes der Gegenleistung fordern.

(4) Diese Forderung verjährt in drei Jahren.

**277**

(1) Der öffentliche Beamte (Punkt 116), der seine Pflichten hinsichtlich der öffentlichen Versorgung oder der Materialbewirtschaftung vorsätzlich verletzt, wird, wenn die Handlung die Interessen der Wirtschaftsordnung verletzt hat, wegen Verbrechens mit Kerker von einem bis zu zehn Jahren, wenn jedoch die Handlung die Interessen der Wirtschaftsordnung schwer verletzt hat, mit dem Tode bestraft.

(2) Nach den Vorschriften des Abs. 1 ist auch eine bei der Ungarischen Nationalbank angestellte Person zu bestrafen, die die oben bezeichnete Handlung durch Verletzung ihrer Pflichten im Zusammenhang mit der Lenkung, bzw. der Abwicklung des Geld- oder Kreditverkehrs begeht.

(3) In bezug auf die Nebenstrafen sind die Vorschriften der Punkte 274—275 entsprechend maßgebend.

**278**

(1) Wer im Beisein von zwei oder mehreren Personen eine unwahre Tatsache oder eine wahre Tatsache auf eine Weise behauptet oder verbreitet, die geeignet ist, die Kaufkraft oder den Umlaufswert des ungarischen Forints zu vermindern, bzw. das Vertrauen in ihn zu erschüttern, begeht ein Verbrechen und wird mit Kerker bis zu fünf Jahren bestraft.

(2) Wird die in Abs. 1 bezeichnete Handlung in der in Punkt 26 Abs. 1 bestimmten Weise begangen, ist die Strafe Kerker von sechs Monaten bis zu fünf Jahren.

**279**

(1) Der öffentliche Beamte, der unter Verletzung der Rechtsvorschriften über die Staatsverrechnung eine Ausgabe anweist, die eine unerlaubte Kreditüberweisung enthält,

oder die als eine Mehrausgabe oder als eine nicht veranschlagte Ausgabe gegenüber dem durch den Finanzminister zur Verfügung gestellten Kredit erscheint,

begeht — soweit nicht eine schwerer zu bestrafende Handlung vorliegt — ein Verbrechen und wird mit Kerker bis zu fünf Jahren bestraft.

(2) Ebenso wird auch der öffentliche Beamte bestraft, der im Falle einer in Abs. 1 bezeichneten Anweisung seine Pflichten im Zusammenhang mit der Staatsverrechnung,

hinsichtlich der, der Anweisung vorangehenden Liquidierung (Staatsverwaltungsliquidierung), bzw. der Auf- und Gegenzeichnung des Anweisungsscheines, vorsätzlich verletzt.

## Verbrechen gegen die öffentliche Versorgung

**279 A**[1])

Wegen einer Regelverletzung gegen die öffentliche Versorgung kann mit einer Geldbuße bis zu fünfhundert Forint bestraft werden, wer:

---

[1]) § 5 der gk. VO Nr. 16 vom Jahre 1956. Abs. a wurde durch § 1 der gk. VO Nr. 21 vom Jahre 1956 gegenstandslos.

b) für die Schlachtung (Notschlachtung) des eigenen Mastschweines nicht um Erlaubnis nachsucht, vorausgesetzt, daß die gültigen Vorschriften die Gewährung nicht verhindert hätten.

**279 B**[1])

(1) Die in Punkt 279 A bezeichnete Handlung bildet ein Verbrechen, wenn

der Verüber durch das Gericht wegen einer Straftat gegen die öffentliche Versorgung bereits verurteilt wurde und seit der Verbüßung der Strafe ein Jahr noch nicht verstrichen ist, oder wenn

der Regelverletzungsausschuß gegen den Verüber wegen Regelverletzung gegen die öffentliche Versorgung innerhalb eines Jahres auf Geldbuße erkannt hat.[2])

## XIV. KAPITEL

### Strafhandlungen gegen die Devisenbewirtschaftung[3])

## XV. KAPITEL

### Geldfälschung — Wertzeichenfälschung

#### Geldfälschung

**280**

(1) Das Verbrechen der Geldfälschung begeht, wer, um es als echtes oder vollwertiges Geld in Umlauf zu bringen:

a) Metall- oder Papiergeld nachahmt oder nachahmen läßt;

b) am echten Metall- oder Papiergelde derartige Änderungen vornimmt oder vornehmen läßt, daß dieses den Anschein eines höheren Wertes erhält;

c) den Metallgehalt von Gold- oder Silbermünzen auf irgendeine Weise vermindert oder vermindern läßt.

(2) Das gleiche Verbrechen begeht, wer an außer Verkehr gesetztem Geld zu dem oben genannten Zweck solche Änderungen vornimmt oder vornehmen läßt, daß es den Anschein von noch in Verkehr befindlichem Geld erhält.

(3) Ist eine Scheidemünze von einem geringeren Nennwert als ein Forint, oder ist Papiergeld, das jene vertritt, Gegenstand der Geldfälschung und stellt das verfälschte Geld nicht die Rechnungseinheit eines ausländischen Geldes dar, wird die Handlung milder bestraft (Punkt 281 Abs. 3).

**281**

(1) Das Verbrechen der Geldfälschung wird mit Kerker von fünf bis zu zehn Jahren, und wenn der Gegenstand der Geldfälschung eine Scheidemünze oder Papiergeld ist, das jene vertritt, mit Kerker von sechs Monaten bis zu fünf Jahren bestraft.

(2) Im Falle der leicht erkennbaren Verfälschung von Geld, dessen Summe sechshundert Forint nicht übersteigt, sowie im Falle des Punktes

---

[1]) § 9 Abs. 2 und 5 der gk. VO Nr. 16 vom Jahre 1956.

[2]) Die Punkte 279 A und 279 B wurden durch § 6 Abs. 2 der gk. VO Nr. 40 vom Jahre 1957 gegenstandslos.

[3]) Die diesbezügliche Rechtsvorschrift enthält die gk. VO Nr. 30 vom Jahre 1950.

280 c wird jedoch das Verbrechen der Geldfälschung mit Kerker von sechs Monaten bis zu fünf Jahren, und wenn der Gegenstand der Fälschung eine Scheidemünze oder Papiergeld ist, das jene vertritt, mit Kerker von sechs Monaten bis zu drei Jahren bestraft.

(3) Im Falle des Punktes 280 Abs. 3 ist die Strafe des Verbrechens der Geldfälschung Kerker von sechs Monaten bis zu drei Jahren.

**282**

Wegen Verbrechens wird mit Kerker bis zu einem Jahr bestraft, wer:

a) sich zur Geldfälschung mit anderen verbindet, wenn eine Vorbereitungshandlung dazu kommt;
b) ohne sich deswegen mit andern zu verbinden, zur Anfertigung von falschem Geld oder zur Geldfälschung geeignete Geräte oder andere Gegenstände wissentlich und unbefugt anfertigt oder erwirbt.

**283**

Nach den in Punkt 281 getroffenen Unterscheidungen wird mit der dort festgesetzten Strafe bestraft:

a) wer falsches oder verfälschtes Geld, das er jedoch nicht zu dem in Punkt 280 bezeichneten Zweck hergestellt hat, in Verkehr bringt;
b) wer im Einverständnis mit dem Verüber falsches oder verfälschtes Geld ins Land einführt, übernimmt oder erwirbt, um es in Verkehr zu bringen.

**284**

(1) Das Verbrechen des betrügerischen Gebrauchs von falschem oder verfälschtem Geld begeht: wer außer in den Fällen der Punkte 280 und 283 falsches oder verfälschtes Geld für echtes, bzw. vollwertiges in Verkehr bringt.

(2) Hat jedoch die in Verkehr gebrachte falsche oder verfälschte Scheidemünze oder das Papiergeld, das jene vertritt, einen geringeren Nennwert als ein Forint, und stellt das falsche oder verfälschte Geld nicht die Rechnungseinheit eines ausländischen Geldes dar, wird die Handlung milder bestraft (Punkt 285 Abs. 3).

**285**

(1) Das Verbrechen des betrügerischen Gebrauchs von falschem oder verfälschtem Geld wird mit Kerker von einem bis zu drei Jahren bestraft, und wenn das falsche oder verfälschte Geld eine Scheidemünze oder Papiergeld ist, das jene vertritt, oder einen geringeren Wert als dreitausend Forint darstellt, mit Kerker von sechs Monaten bis zu drei Jahren.

(2) Bezieht sich der betrügerische Gebrauch auf verstümmeltes Gold- oder Silbergeld, wird dieses Verbrechen mit Kerker von sechs Monaten bis zu zwei Jahren bestraft.

(3) Das Verbrechen des betrügerischen Gebrauchs von falschem oder verfälschtem Geld wird im Falle des Punktes 287 Abs. 2 mit Kerker bis zu einem Jahr und sechs Monaten bestraft.

**286**

Wer falsches oder verfälschtes Geld, das er als echtes empfangen hat, wissentlich als echtes bzw. vollwertiges in Umlauf bringt, begeht das Verbrechen der Ausgabe falschen Geldes und wird mit Kerker bis zu einem Jahre und sechs Monaten bestraft.

**287**

Die Vorschriften über Geldfälschung sind auch bei der Fälschung eines Kennzeichens anzuwenden, das an Metall- oder Papiergeld nur zur Bezeichnung der Gültigkeit des Geldes in einem bestimmten Lande angebracht ist.

**288**

(1) Dem Papiergeld werden gleichgeachtet die auf den Überbringer lautenden gedruckten Obligationen, Banknoten, Aktien oder die sie vertretenden Interimsscheine, Anweisungen oder Quittungen, sowie die zu diesen Papieren gehörenden Zins-, Gewinnanteils- oder Erneuerungsscheine (Coupons und Talons), die von einer Staatsregierung oder von einer zur Ausgabe solcher Papiere berechtigten öffentliche Kasse, Gemeinde, Gesellschaft, Genossenschaft, Körperschaft oder Privatperson ausgestellt sind.

(2) Diese Bestimmung gilt auch dann, wenn in der gedruckten Urkunde die Unterschrift des Ausstellers oder einzelne Worte oder Zahlen handschriftlich hinzugefügt sind.

**289**

Die Fälschung (Nachahmung oder Änderung) der Banknoten, Aktien oder Obligationen, der dazu gehörenden Scheine oder Erneuerungsscheine, die von der Ungarischen Nationalbank ausgestellt sind, wird als Geldfälschung bestraft.

**290**

Wer, ohne die Absicht sie in Umlauf zu bringen, eine größere Menge von:

a) falschem Metall- oder Papiergeld herstellt oder herstellen läßt;

b) an echtem Metall- oder Papiergelde derartige Änderungen vornimmt oder vornehmen läßt, daß dieses den Anschein eines höheren Wertes erhält;

c) den Metallgehalt von echtem Metallgeld vermindert oder vermindern läßt,

wird mit Kerker bis zu zwei Monaten bestraft.

**291**

Wer — ohne die Absicht sie in Umlauf zu bringen — für die Herstellung bzw. Fälschung von falschem oder verfälschtem Geld mechanische oder chemische Vorrichtungen, Metall- oder Holzplatten oder Formen gebraucht, wird — wenn mit solchen Vorrichtungen auch nur eine Fälschung oder ein oder mehrere Teile einer oder mehrerer Fälschungen hergestellt wurden — mit Kerker bis zu zwei Monaten bestraft.

**292**

Wer die in den Punkten 290 und 291 bezeichneten Handlungen hinsichtlich der in den Punkten 288 und 289 bezeichneten Wertpapieren begeht, wird mit Kerker bis zu zwei Monaten, wer jedoch dieselbe hinsichtlich der in Punkt 294 bezeichneten Wertzeichen begeht, mit Kerker bis zu dreißig Tagen bestraft.

**293**

Wer ohne Erlaubnis der Behörde oder des zur Ausstellung von öffentlichen Wertpapieren Berechtigten, Platten, Formen, Stiche, Stempel, die zur Anfertigung von falschem Geld oder von Wertpapieren, die dem Geld gleichgeachtet werden, oder von falschen Wertzeichen dienen können, herstellt oder an einen andern als den berechtigten Auftraggeber verabfolgt;

ebenso, wer von diesen Gegenständen einem andern einen Abdruck gibt, wird mit Kerker bis zu dreißig Tagen bestraft.

## Wertzeichenfälschung[1])

### 294

Für die Anwendung des Gesetzes sind unter Wertzeichen zu verstehen:

a) zum Verbrauch oder zum Zweck des Umsatzes bestimmte, benutzte oder unbenutzte, oder dem öffentlichen Verkehr noch nicht freigegebene Marken;
b) behördliche Zeichen oder Stempel, die der Sicherung von Steuern, der Bescheinigung der Art und des Gehaltes von Metallen, der Übernahme oder Qualität eines andern Stoffes dienen, oder die durch die Finanzbehörde oder deren Organ angebracht wurden;
c) die rechnungspflichtigen Drucksachen der Staatsverwaltung, mit oder ohne Stempelabdruck;
d) die bei der Post, dem Fernsprech- oder Fernmeldewesen zum Zweck des Verbrauchs oder des Umsatzes bestimmte, benutzten oder unbenutzten oder dem öffentlichen Verkehr noch nicht freigegebenen Wertzeichen (Postmarken, Portoscheine, Wertdrucksachen mit und ohne Stempelabdruck), Postfreistempel, Gelegenheits- oder andere Poststempel und alle anderen Aufschriften oder Zeichen, die zur Freimachung angewendet werden.

### 295

Nach den Vorschriften des Gesetzes gebührt strafrechtlicher Schutz:

a) den Wertzeichen (Punkt 294) des ungarischen Staates, Komitats, Kreises (Stadtbezirk) oder einer Gemeinde oder eines anderen ungarischen öffentlichen Instituts, das durch Gesetz zur Ausgabe von Wertzeichen befugt ist;
b) dem internationalen Rückantwortgebührenschein und Ausweisschein;
c) bei Gegenseitigkeit der Wertzeichen (Punkt 294) eines fremden Staates oder einer anderen Behörde, den fremden Post-, Fernsprech- oder Fernmeldedienstzeichen oder den Wertzeichen eines anderen ausländischen öffentlichen Instituts.

### 296

(1) Das Verbrechen der Wertzeichenfälschung begeht und wird mit Kerker bis zu zwei Jahren bestraft, wer:

a) Wertzeichen zum Zwecke der Verwendung oder des Absatzes nachahmt oder verfälscht;
b) Wertzeichen als Nachahmung oder auch nicht als Nachahmung rechtswidrig anfertigt oder rechtswidrig verwendet;
c) wissentlich in der unter a und b bezeichneten Weise nachgeahmte, verfälschte, hergestellte oder verwendete Wertzeichen gebraucht oder sie in Verkehr bringt.

(2) Unter Gebrauch und Absatz ist im Sinne des Abs. 1 auch der Gebrauch und der Umsatz zum Zwecke des Briefmarkensammelns zu verstehen.

---

[1]) Die Punkte 294—298 und 301 enthalten die §§ 1—6 des XXI. Gesetzes vom Jahre 1932.

**297**

Das Verbrechen des betrügerischen Gebrauchs von Postwertzeichen begeht und wird mit Kerker bis zu einem Jahr bestraft, wer:

a) von echten Wertzeichen zum Zwecke des Gebrauchs oder des Absatzes (Punkt 296 Abs. 2) das Entwertungszeichen entfernt, die Spuren der früheren Entwertung mit einem neuen Entwertungszeichen bedeckt oder das Wertzeichen mit einem zur Entfernung der Entwertung geeigneten Stoff überzieht;

b) aus philatelistischen Interessen an Wertzeichen unbefugt ein Entwertungszeichen anbringt oder die ursprüngliche Ausführung des Wertzeichens (Papier, Druck, Perforierung usw.) sonstwie verändert;

c) Wertzeichen, die in der unter a und b bezeichneten Weise verändert wurden, für irgendeinen Zweck oder
zur Freimachung schon benutzter, aber irrtümlich nicht entwerteter Wertzeichen zur Freimachung wissentlich gebraucht oder in Umlauf bringt;

d) Postfreistempel ohne Entrichtung der Gebühren anwendet, an Postfreistempelmaschinen, an ihrer Einstellung oder ihren Zeichen (Stempeln) zum Zwecke der Schädigung des Staates eine Änderung vornimmt oder die Vorschriften über die Herstellung, Bereithaltung, den Umsatz, die zur Verfügungstellung oder den Erwerb von Postfreistempelmaschinen, die dem Schutz des Staates vor Schädigungen dienen, verletzt.

**298**

Wenn der Täter wegen einer in den Punkten 296 oder 297 bezeichneten Handlung bereits bestraft war und seit der Verbüßung der Strafe zehn Jahre noch nicht verstrichen sind, oder

wenn der Täter die Wertzeichenfälschung gewerbsmäßig betreibt, ist die Strafe Kerker von sechs Monaten bis zu fünf Jahren.

**299**[1]

**300**[1]

**301**

Wer Wertzeichen nicht zu dem in Punkt 296 bezeichneten Zweck nachahmt,

oder wer eine Münze, Gedenkmünze oder Spielmarke, ein Firmenzeichen, eine Ankündigung, ein Markenzeichen oder einen ähnlichen Gegenstand herstellt oder in Umlauf setzt, die nach oberflächlicher Betrachtung leicht für gültiges Metall- oder Papiergeld, Banknoten oder Wertzeichen gehalten werden können,

begeht ein Verbrechen und wird mit Geldstrafe belegt.

### Verbrechen gegen die Maßordnung

**301 A**[2]

Wegen Verbrechens wird mit Kerker bis zu zwei Jahren bestraft, wer:

a) Wertzeichen oder Stempel, die die Eichung, Prüfung, sowie die Bezeichnung des Rauminhaltes von Fässern bescheinigen, oder auch Wertzeichen, Stempel, Siegel, Scheine oder Zeichen, die das Zentrale Amt für

---

[1] Die Punkte 299 und 300 enthielten die §§ 2 und 3 Abs. 2 des VII. Gesetzes vom Jahre 1942 über die Ergänzung der Maßvorschriften und wurden durch § 44 der VO des Ministerrates Nr. 13/1953 (III.27) M. T. außer Kraft gesetzt.

[2] § 39 der VO des Ministerrates Nr. 13/1953 (III.27) M.T.

Maß und Gewicht, das Landeseichamt und seine Außenstellen in ihrer amtlichen Tätigkeit gebrauchen, unbefugt herstellt, anwendet, vorrätig hält oder in Umsatz bringt;

b) an Maßen, Meßinstrumenten, die geeicht werden müssen, die angebrachten Eichstempel verfälscht;

c) wissentlich Maße oder Meßinstrumente in Umsatz bringt, die mit falschen oder verfälschten Eichstempeln versehen sind oder solche gewerblich benützt;

d) Zeichen oder Stempel, die den Zeitpunkt der Inverkehrsetzung von Maßen und Meßinstrumenten bescheinigen, fälscht oder verfälscht.

## XVI. KAPITEL

## Finanz- und Zollverbrechen

### Finanzverbrechen

**302—308[1])**

**308 A[2])**

(1) Finanz- bzw. Zollverbrechen (im weiteren: Finanzverbrechen) sind:

a) die Handlungen, die durch die Rechtsvorschriften über die allgemeine Steuer als Verbrechen erklärt werden;

b) die Handlungen, die in früheren Rechtsvorschriften als Steuerbetrug, Steuerhinterziehung, Gefällsübertretung, Finanzstrafhandlungen (Finanzverbrechen oder Finanzübertretung) bezeichnet wurden, wenn der hinterzogene oder gefährdete Steuerbetrag, bzw. bei der Verletzung einer Zollvorschrift der inländische Umlaufswert des Zollobjektes, fünftausend Forint übersteigt.

(2) Die selbständige Strafe des Finanzverbrechens ist Kerker bis zu drei Jahren.

**308 B**

(1) Die Vorschriften des StGBA, sowie der gesetzeskräftigen Verordnung Nr. 39 vom Jahre 1950 über dessen Inkrafttreten sind mit den in diesem, sowie in den Punkten 308 C und 308 D getroffenen Unterscheidungen auch bei Finanzverbrechen anzuwenden.

(2) Auf Einziehung wird bei Finanzverbrechen nach den Vorschriften der Steuergesetze erkannt.

(3) Die eingezogenen Gegenstände sind dem in der Rechtsvorschrift bestimmten Organ, das Zollgut dem nächsten Zollamt, abzuliefern. Die eingezogenen Gegenstände sind der Staatsanwaltschaft oder dem Gericht — auf dessen Ersuchen — zur Verfügung zu stellen.

(4) Die Verwertung der eingezogenen Gegenstände (Zollgut) ist die Aufgabe der Finanz- bzw. der Zollorgane.

(5) Das öffentliche Transportunternehmen ist im Falle eines Finanzverbrechens, das durch einen seiner Angestellten während der Dienstausübung begangen wurde, für die verhängten Geldstrafen und für die Kosten

---

1) Enthielten die §§ 1, 3—7 und 9 der gk. VO Nr. 47 vom Jahre 1950 über die Zollstrafhandlungen, die durch den § 12 der gk. VO Nr. 3 vom Jahre 1954 außer Kraft gesetzt wurden.

2) Die Punkte 308 A—308 J enthalten die §§ 1—2, 3—5, 6 Abs. 1 bis 9, 11, 29, 30, 31, 32 und 33 der gk. VO Nr. 16 vom Jahre 1954.

des Strafverfahrens zur Ersatzleistung verpflichtet. Diese sind auch dann abzuführen, wenn der Verüber des Finanzverbrechens sich an einem unbekannten Ort aufhält oder nicht strafbar ist.

(6) Die Ersatzleistung kann nicht geltend gemacht werden, wenn die Strafverfolgung oder die Vollstreckung der Strafe durch Verjährung oder Begnadigung ausgeschlossen ist.

(7) Das Strafverfahren wegen eines Finanzverbrechens kann nur auf Anzeige des Finanzministers — bei Zollverbrechen des Außenhandelsministers — oder des von ihnen bestimmten Organs, bzw. auf Anregung des Obersten Staatsanwaltes, stattfinden. Die Ermittlungsbehörde wird in Fachfragen durch den Beauftragten des zuständigen Finanzorgans, bzw. des vom Außenhandelsminister bestimmten Zollverwaltungsorgans unterstützt. Der Beauftragte des durch den Außenhandelsminister bestimmten Zollverwaltungsorgans ist zu der Verhandlung des Zollverbrechens zu laden.

**308 C**

(1) Unter Rechtsvorschriften über die allgemeine Steuer sind die Gesetze, gesetzkräftigen Verordnungen des Ministerrates und der Minister über die Regelung der allgemeinen Steuern,

unter allgemeinen Steuern die gemeinsam verwalteten Steuern, die Umsatzsteuern, die Gebühren, die Gefälle und der Zoll zu verstehen.

(2) Unter inländischem Umlaufswert der Ware ist der zur Zeit der Begehung des Finanz-(Zoll-)Verbrechens geltende inländische Verbraucherpreis zu verstehen.

**308 D**

Die Vorschriften der Punkte 308 A—308 C sind auch auf Handlungen anzuwenden, die vor dem Inkrafttreten dieser Vorschriften begangen, aber erstinstanzlich noch nicht abgeurteilt wurden.

## Zollverbrechen

**308 E**

Wenn der inländische Umlaufwert der den Gegenstand der Handlung bildenden Ware fünftausend Forint übersteigt, begeht derjenige ein Zollverbrechen, der:

a) Zollgut der Zollaufsicht entzieht oder über einen im Hinblick auf die Zollschau wesentlichen Umstand eine unwahre Erklärung abgibt;
b) eine Ware, von der er gewußt hat oder den Umständen nach annehmen mußte, daß in Zusammenhang mit ihr die unter a genannte Straftat begangen wurde — um eines Vermögensvorteils willen — erwirbt, verbirgt oder bei ihrer Veräußerung mitwirkt;
c) die zollfreie oder zollbegünstigte Ware abweichend von den Bedingungen der Erlaubnis benutzt;
d) sich selbst oder einem Dritten außer in der unter a—c erwähnten Weise unbefugt Zollvorteile verschafft;
e) dem Verüber der unter a—d bezeichneten Handlungen behilflich ist, die aus der Handlung stammenden Vorteile zu sichern oder straflos zu bleiben.

**308 F**

(1) Wer die zollrechtlichen Vorschriften durch Handlungen verletzt, die keine Zollverbrechen (308 E) sind, begeht eine Zollregelverletzung.

(2) Wenn die in Punkt 308 E bezeichnete Handlung durch einen Werktätigen eines Staatsunternehmens, Instituts, einer Institution oder einer Genossenschaft in seiner Eigenschaft als Werktätiger begangen wird, ist die Handlung — ungeachtet des Warenwerts — eine Zollregelverletzung, sofern keine Schädigungsabsicht oder Gewinnsucht vorliegt und die Fahrlässigkeit des Verübers sich nicht als grobe Fahrlässigkeit erweist.

**308 G**

Die Punkte 308 A—308 D enthalten die Vorschriften über die Bestrafung der Zollverbrechen und Zollregelverletzungen und der anzuwendenden Verfahrensordnung.

**308 H**

(1) Ware, die nicht im Eigentum eines Staatsunternehmens, eines anderen Staatsorgans bzw. einer Genossenschaft steht, ist einzuziehen, wenn in Zusammenhang mit ihr ein in den Punkten 308 E unter a—b bezeichnetes Verbrechen begangen wurde.

(2) Die in Abs. 1 bezeichnete Ware kann auch dann eingezogen werden, wenn die Handlung in Anbetracht des Warenwerts sich als Zollregelverletzung erweist.

**308 J**

Die zollrechtlichen Vorschriften sind auch dann anzuwenden, wenn das Zollverbrechen (308 E 1), bzw. die Zollregelverletzung (308 F) sich als Finanzverbrechen oder Finanzregelverletzung erweist.

# VIERTER TEIL

## Straftaten gegen die Familie, die Jugend und gegen die geschlechtliche Moral

### XVII. KAPITEL

### Strafhandlungen gegen die Familie und die Jugend

#### Strafhandlungen in Verbindung mit der Eheschließung

**309**

(1) Wer in einer gültigen Ehe lebt und sich noch einmal verheiratet, und ebenso wer unverheiratet die Ehe mit einem Verheirateten in Kenntnis dieses Umstandes eingeht, begeht das Verbrechen der Doppelehe und wird mit Kerker von sechs Monaten bis zu drei Jahren bestraft.

(2) Wer hinsichtlich des Bestandes der früheren Ehe den mit ihm die Ehe schließenden Teil irregeführt hat, wird mit Kerker von sechs Monaten bis zu fünf Jahren bestraft.

**310**

(1) Ein Standesbeamter, der Kenntnis davon hat, daß die zu schließende Ehe eine Doppelehe wäre, und die Parteien dennoch traut, wird mit Kerker von sechs Monaten bis zu fünf Jahren bestraft.

(2) Ein Standesbeamter, dem bei der Schließung einer Doppelehe eine Fahrlässigkeit zur Last fällt, begeht ein Verbrechen und wird mit Kerker bis zu einem Jahr bestraft.

### 311

(1) Wer bei Eingehung einer Ehe dem anderen Teile einen Nichtigkeitsgrund verschweigt, begeht ein Verbrechen gegen den Familienstand und wird mit Kerker von sechs Monaten bis zu zwei Jahren bestraft.

(2) Das Strafverfahren tritt bei diesem Verbrechen nur auf Antrag des verletzten Teiles ein.

### 312

(1) Ein Standesbeamter, der in Kenntnis davon, daß ein Ehehindernis besteht, das die Ehe ungültig macht, die Parteien dennoch traut, wird mit Kerker von sechs Monaten bis zu drei Jahren bestraft.

(2) Ein Standesbeamter, dem bei der Schließung einer wegen eines Ehehindernisses auflösbaren oder nichtigen Ehe eine Fahrlässigkeit zur Last fällt, wird mit Kerker bis zu sechs Monaten bestraft.

### 313[1])

### 313 A[2])

(1) Der Standesbeamte, der weiß, daß er zur Mitwirkung bei der Eheschließung nicht berechtigt ist und dennoch bei der Eheschließung mitwirkt, begeht ein Verbrechen und wird, sofern seine Tat keine schwerer zu bestrafende Handlung bildet, mit Kerker bis zu sechs Monaten bestraft.

(2) Der Standesbeamte, der die im vorstehenden Absatz erwähnte Handlung aus Fahrlässigkeit begeht, wird wegen Verbrechens mit Geldstrafe bestraft.

### 314[3])

### 314 A[4])

(1) Der Seelsorger oder eine andere zur Vornahme einer religiösen Zeremonie berechtigte Person, die bei einer kirchlichen Trauung fungiert, bevor die Parteien nachgewiesen haben, daß sie die Ehe vor dem Standesbeamten geschlossen haben, begeht ein Verbrechen und wird mit Kerker bis zu sechs Monaten bestraft.

(2) Die Handlung ist nicht strafbar, wenn die kirchliche Trauung während einer lebensbedrohenden Krankheit der einen Partei erfolgte.

### 315[5])

### 315 A[6])

(1) Wer trotz Vorliegens eines Nichtigkeitsgrundes eine Ehe schließt, begeht, sofern seine Handlung keine schwerer zu bestrafende Tat bildet, ein Verbrechen und wird mit Kerker bis zu sechs Monaten bestraft.

(2) Wenn die unter Abs. 1 bezeichnete Handlung aus Fahrlässigkeit begangen wird, ist auf Geldstrafe zu erkennen.

---

1) Außer Kraft gesetzt durch § 70 der gk. VO Nr. 23 vom Jahre 1952.
2) § 46 der gk. VO Nr. 23 vom Jahre 1952.
3) Siehe Anmerkung zu Punkt 313.
4) § 48 der gk. VO Nr. 12 vom Jahre 1952.
5) Siehe Anmerkung zu Punkt 313.
6) § 47 der gk. VO Nr. 12 vom Jahre 1952.

### Verbrechen gegen den Familienstand des Kindes

**316**

(1) Wer ein Kind unterschiebt, verwechselt, beiseite schafft, verheimlicht, an einem gewöhnlich belebten Ort aussetzt, auf eine andere Weise seines Familienstandes beraubt oder diesen Stand verändert, begeht ein Verbrechen gegen den Familienstand und wird mit Kerker von sechs Monaten bis zu einem Jahr bestraft.

(2) Wurde die Handlung in gewinnsüchtiger Absicht begangen, wird sie mit Kerker von einem bis zu fünf Jahren bestraft.

**317**[1])

### Aussetzung oder Verlassen eines Kindes

**318**

(1) Eltern, die ihr infolge seines Alters oder seines Zustandes hilfloses Kind an einem abgelegenen oder gewöhnlich unbelebten Ort oder unter Umständen aussetzen, die eine Rettung vom Zufall abhängig machen, begehen das Verbrechen der Kindesaussetzung und werden mit Kerker von einem bis zu drei Jahren bestraft.

(2) Hat durch die Aussetzung oder das Verlassen das ausgesetzte oder verlassene Kind eine schwere Körperverletzung erlitten, wird die Handlung mit Kerker von einem bis zu fünf Jahren, und wenn hierdurch der Tod verursacht wurde, mit Kerker von fünf bis zu zehn Jahren bestraft.

### Kindesraub

**319**

(1) Wer ein Kind unter vierzehn Jahren gegen dessen Willen aus der Obhut seiner Eltern, seines Vormunds oder seiner Aufsichtsperson durch Gewalt, Drohungen oder durch List entführt oder in seiner Gewalt zurückhält, begeht das Verbrechen des Kindesraubes und wird mit Kerker von einem bis zu fünf Jahren bestraft.

(2) Mit Kerker von fünf bis zu zehn Jahren wird der Kindesraub bestraft, wenn dieser zu dem Zweck begangen wird, das geraubte Kind zum Betteln, andern gewinnsüchtigen oder unsittlichen Zwecken zu gebrauchen.

(3) Wurde dem geraubten oder zurückgehaltenen Kind eine schwere Körperverletzung zugefügt oder an ihm Notzucht oder Schändung begangen, ist auf Kerker von zehn bis zu fünfzehn Jahren zu erkennen.

**320**

(1) Wer ein Mädchen unter vierzehn Jahren mit dessen Einwilligung aus der Obhut der Eltern, des Vormunds oder der Aufsichtsperson entführt oder in seiner Gewalt zurückhält, wird mit Kerker bis zu fünf Jahren bestraft.

(2) Wenn aber ein in Punkt 319 Abs. 2 oder 3 bezeichneter Tatbestand vorliegt, ist die dort bestimmte Strafe anzuwenden.

---

1) Enthielt Matrikel-Übertretungen, die infolge der gk. VO Nr. 17 vom Jahre 1955 Regelverletzungen wurden.

**321**

In den Fällen der Punkte 319 oder 320 tritt das Strafverfahren nur auf Antrag des Verletzten ein, sofern nicht einer der in Punkt 333 bezeichneten Fälle oder der Fall einer schweren Körperverletzung vorliegt.

## Strafhandlungen gegen die Jugend[1])

**322**

Wer seinen Pflichten als eine zum Unterhalt, der Erziehung oder der Fürsorge für ein Kind (Jugendlichen) verpflichtete Person (Eltern, Vormund, Erzieher) nicht nachkommt oder die Interessen des Kindes (Jugendlichen) grob vernachlässigt und dadurch das Leben, die Gesundheit, die körperliche oder geistige Entwicklung des Kindes (Jugendlichen) schwer gefährdet, bzw. das Kind (Jugendlichen) einer schweren Entbehrung aussetzt, wer ferner in entscheidender Weise verursacht, daß das Kind (Jugendlicher) eine Straftat begeht,

wird wegen Verbrechens mit Kerker bis zu zwei Jahren bestraft.

**323**

Wer als eine zum Unterhalt, der Erziehung bzw. der Fürsorge für ein Kind (Jugendlichen) verpflichtete Person (Eltern, Vormund, Erzieher) das Kind (Jugendlichen) durch Versprechen, Rat, Ermunterung oder sonstwie zur Begehung einer Straftat oder sonst zum moralischen Verfall verleitet,

wird, soweit nicht die Tat nach anderen Vorschriften mit schwererer Strafe bedroht ist, wegen Verbrechens mit Kerker bis zu fünf Jahren bestraft.

## Strafhandlungen gegen die Unterhalts- und Fürsorgeberechtigten[2])

**324**

(1) Wegen Verbrechens wird mit Kerker bis zu zwei Jahren bestraft, wer:

a) seine gesetzliche Unterhaltspflicht nicht erfüllt, wenn dadurch der Unterhaltsberechtigte einer schweren Entbehrung ausgesetzt wird;

b) einer von ihm Geschwängerten während der Schwangerschaft oder der Entbindung die übernommene oder laut richterlichen Beschlusses oder — in Ermangelung dessen — gem. Rechtsvorschriften gebührende Hilfe versagt, wenn dadurch die Frau einer schweren Entbehrung ausgesetzt oder das Leben oder die Gesundheit der Leibesfrucht oder des Neugeborenen schwer gefährdet wurde;

c) seine bestehenden Fürsorgepflichten gegenüber einer Geisteskranken, Schwachsinnigen, einer anderen, zur eigenen Versorgung unfähigen Person oder einem Jugendlichen unter achtzehn Jahren, nicht erfüllt, wenn dadurch das Leben oder die Gesundheit des Unterhaltsberechtigten schwer gefährdet wurde,

voraussetzt, daß er zur Erfüllung dieser Pflichten fähig war oder wegen Arbeitsscheu oder durch ein anderes moralisch anfechtbares Verhalten dazu aus eigenem Verschulden unfähig wurde.

---

[1]) Die Punkte 322 und 323 enthalten die §§ 36 und 37 der gk. VO Nr. 34 vom Jahre 1951, modifiziert durch § 9 bzw. 10 der gk. VO Nr. 23 vom Jahre 1954.

[2]) Die Punkte 324 und 325 enthalten die §§ 6 und 7 des V. Gesetzes vom Jahre 1944.

(2) Die unter c bezeichnete Unterlassung wird auch demjenigen zur Last gelegt, der eine Person mit der Fürsorge beauftragt hat, von der er wußte oder annehmen konnte, daß sie zur Erfüllung der Aufgabe ungeeignet ist.

(3) In den unter a—c bezeichneten Fällen kann zugunsten des Schuldigen nicht berücksichtigt werden, daß die Gefahr durch die Hilfstätigkeit der Behörden oder der Gesellschaft abgewendet wurde.

(4) Ist die zivilrechtliche Unterhaltspflicht streitig, geht das Strafgericht gemäß § 144 des III. Gesetzes vom Jahre 1951 über die Strafprozeßordnung vor.

**325**

(1) Das Gericht kann das gem. Punkt 324 eingeleitete Verfahren bei Vorliegen eines besonders zu berücksichtigenden Grundes — höchstens aber sechs Monate — aufschieben, um dem Beschuldigten Gelegenheit zu geben, seine Unterlassung gutzumachen.

(2) Das Gericht setzt das Verfahren, ohne den Ablauf der festgesetzten Frist abzuwarten, fort, sobald es feststellt, daß der Beschuldigte seinen Pflichten auch weiterhin nicht nachkommt. In diesem Fall wird der Beschuldigte mit Kerker von einem bis zu drei Jahren bestraft, wenn das Gericht feststellt, daß die Unterlassung die Folge einer arbeitsscheuen Lebensweise ist.

(3) Wenn der Beschuldigte während der Aussetzung seine Unterlassung gutmacht, bleibt er straffrei.

(4) Die Vollstreckung der Strafe kann bei einer Verurteilung auf Grund des Punktes 324 auch dann ausgesetzt werden, wenn dies sonstwie durch die Vorschriften des § 55 StGBA oder des § 19 des LXII. Gesetzes vom Jahre 1948 ausgeschlossen wäre.

**325 A**[1])

Der Mann, den das Gericht — auch ohne Feststellung der Vaterschaft — zum Unterhalt des Kindes verpflichtet hat (§ 43 der gk. VO Nr. 23 vom Jahre 1952) fällt unter die strafrechtlichen Vorschriften über die Verletzung der gesetzlichen Unterhaltspflichten,

wenn er seine Unterhaltspflichten nicht erfüllt und durch diese Unterlassung das Kind einer schweren Entbehrung ausgesetzt wird.

## XVIII. KAPITEL

## Strafhandlungen gegen die geschlechtliche Moral

### Notzucht

**326**

Wegen des Verbrechens der Notzucht wird mit Kerker von einem bis zu zehn Jahren bestraft:

a) wer eine Frau durch Gewalt oder Drohungen zum außerehelichen Beischlaf nötigt;

b) wer den Zustand der Bewußtlosigkeit, Willenlosigkeit oder Wehrlosigkeit einer Frau zum unehelichen Beischlaf mit ihr mißbraucht, ohne Rücksicht darauf, ob er diesen Zustand hervorgerufen hat oder nicht.

---

1) § 10 der VO des Ministerrates Nr. 7/1953 (II.8) M. T.

**327**

Wegen des Verbrechens der gewaltsamen Unzucht wird mit Kerker von sechs Monaten bis zu fünf Jahren bestraft:

wer an einer Frau mit Gewalt oder Drohungen, oder an einer Frau, die sich in einem der in Punkt 326 b bezeichneten Zustände befindet, außerhalb der Ehe unzüchtige Handlungen verübt, sofern diese nicht ein schwerer zu bestrafendes Verbrechen bilden.

**328**

Unter Drohung wird im Sinne dieses Kapitels eine Handlung verstanden, die geeignet ist, in der Bedrohten eine begründete Furcht vor einer ihrem Leben oder ihrer Gesundheit oder dem gegenwärtigen Angehörigen unmittelbar bevorstehenden schweren Gefährdung zu erregen.

**329**

Mit Kerker von zehn bis zu fünfzehn Jahren wird das in Punkt 326 bezeichnete Verbrechen und mit Kerker von fünf bis zu zehn Jahren das in Punkt 327 bezeichnete Verbrechen bestraft:

a) wenn es an einer Verwandten auf- und absteigender Linie oder an einer Schwester begangen wird;
b) wenn es einer der Vormundschaft, der Kuratel, dem Unterricht, der Erziehung, der Aufsicht, der Krankenpflege oder der Fürsorge des Täters anvertrauten Person begangen wird.

**330**

Wer mit einem unbescholtenen Mädchen unter vierzehn Jahren geschlechtlichen Beischlaf ausübt, begeht das Verbrechen der Schändung und wird mit Kerker von einem bis zu fünf Jahren bestraft.

**331**

Wenn ein in den vorstehenden Punkten bezeichnetes Verbrechen oder die zur Begehung benützten Mittel den Tod der Verletzten verursacht haben, ist die Strafe lebenslanger Kerker.

**332**

Wegen der in den vorstehenden Punkten dieses Kapitels bezeichneten Verbrechen kann das Strafverfahren in der Regel nur auf Antrag der Verletzten eingeleitet werden.

**333**

Auch ohne Antrag der Verletzten ist das Strafverfahren einzuleiten:

a) wenn dem Täter ein zweites, von Amts wegen zu verfolgendes Verbrechen zur Last fällt, das im Hinblick auf die Zeit oder den Ort der Begehung mit einem der in den vorstehenden Punkten dieses Kapitels bezeichneten Verbrechen zusammenhängt;
b) wenn das Verbrechen den Tod der verletzten Person verursacht hat;
c) wenn einer der in Punkt 329 bezeichneten Fälle vorliegt.

**334**

Notzucht, gewaltsame Unzucht und Schändung bleiben straflos, wenn der Täter vor der Verkündigung des Strafurteiles die Verletzte geehelicht hat.

## Blutschande

**335**

(1) Der Beischlaf zwischen Verwandten auf- und absteigender Linie ist Blutschande und wird bei den ersten mit Kerker von einem bis zu fünf Jahren, an den letzten mit Kerker bis zu zwei Jahren bestraft.

(2) Andere unzüchtige Handlungen zwischen Verwandten auf- und absteigender Linie werden bei den ersten mit Kerker von einem bis zu drei Jahren, bei den letzten mit Kerker bis zu einem Jahr bestraft.

(3) Verwandte absteigender Linie bleiben straflos, wenn sie bei Begehung der Handlung das achtzehnte Lebensjahr noch nicht überschritten haben.

**336**

(1) Der Beischlaf zwischen Geschwistern bildet ebenfalls das Verbrechen der Blutschande und wird mit Kerker von sechs Monaten bis zu zwei Jahren bestraft.

(2) Diese Strafe trifft auch die zwischen Brüdern begangene widernatürliche Unzucht.

(3) Das Strafverfahren tritt nur auf Antrag der Eltern oder des Kurators ein.

(4) Im Falle des Punktes 338 ist das Verbrechen von Amts wegen zu verfolgen und mit der dort bestimmten Strafe zu belegen.

## Widernatürliche Unzucht

**337**

Widernatürliche Unzucht, die zwischen Personen männlichen Geschlechtes oder von Menschen mit Tieren begangen wird, ist ein Verbrechen und wird mit Kerker bis zu einem Jahr bestraft.

**338**

Widernatürliche Unzucht ist ein Verbrechen und wird mit Kerker von sechs Monaten bis zu fünf Jahren bestraft, wenn sie zwischen Personen männlichen Geschlechts unter Anwendung von Gewalt oder Drohungen begangen wird; hat aber das Verbrechen den Tod des Verletzten verursacht, so wird es mit lebenslangem Kerker bestraft.

## Erschleichung des außerehelichen Beischlafs

**339**

(1) Wer einer Frau vorspiegelt, daß er ihr Gatte sei, und deren Irrtum mißbraucht, um mit ihr den Beischlaf auszuüben, begeht ein Unzuchtsverbrechen und wird mit Kerker von sechs Monaten bis zu drei Jahren bestraft.

(2) Das Strafverfahren findet nur auf Antrag der beleidigten Frau oder ihres Gatten statt.

## Verführung

**340**

(1) Eltern, die ihre ehelichen oder natürlichen Töchter zum Beischlaf mit andern, oder die ihre ehelichen oder natürlichen Kinder zu geschlechtlicher oder widernatürlicher Unzucht mit andern verleiten, begehen das Verbrechen der Verführung und werden mit Kerker von einem bis zu fünf Jahren bestraft.

(2) Dieselbe Strafe trifft auch diejenigen, die ihrer Vormundschaft, Kuratel, Erziehung oder Aufsicht anvertraute Personen zu solchen Handlungen verführen.

### Kuppelei

### 341

(1) Das Verbrechen der Kuppelei begeht, wer eine anständige Frau, die das einundzwanzigste Lebensjahr noch nicht vollendet hat, aus Eigennutz für einen andern zum außerehelichen Beischlaf oder zur Unzucht vorsätzlich gewinnt oder zu gewinnen trachtet.

(2) Das Strafverfahren kann nur auf Antrag eingeleitet werden.

### 342

(1) Das Verbrechen der Kuppelei begeht, wer eine anständige Frau vorsätzlich dazu veranlaßt, zu den im vorstehenden Punkt bestimmten Zweck in ein Bordell oder ein ähnliches Geschäft einzutreten.

(2) Das Verbrechen der Kuppelei begeht auch derjenige, der eine Frau in einem Bordell oder ähnlichen Geschäft gegen ihren Willen aus irgendeinem Grund zurückhält.

### 343

(1) Das Verbrechen der Kuppelei wird mit Kerker bis zu zwei Jahren bestraft.

(2) Die Kuppelei ist ohne Rücksicht auf das Alter und die Sittlichkeit der verletzten Frau mit Kerker von sechs Monaten bis zu drei Jahren zu bestrafen, wenn der Täter:

a) dieselbe mit Arglist, Gewalt oder Drohung begeht;
b) die Handlung gegen eine Angehörige (§ 29 StGBA), oder eine ihm zur Erziehung, zum Unterricht oder zur Aufsicht anvertraute oder ihm untergeordnete Person begeht;
c) die Verletzte ins Ausland bringt oder bringen läßt;
d) sich mit Kuppelei gewerbsmäßig befaßt oder wegen Kuppelei schon einmal bestraft wurde, und seit Verbüßung der Strafe zehn Jahre noch nicht verstrichen sind.

(3) Hat die verletzte Frau das einundzwanzigste Lebensjahr noch nicht vollendet, wird das Verbrechen der Kuppelei in den Fällen des Punktes 342 Abs. 1 mit Kerker von sechs Monaten, und in den Fällen des Abs. 2 und des Abs. 2 dieses Punktes mit Kerker von einem bis zu drei Jahren bestraft.

(4) Wer eine Frau zum Zweck der Unterbringung in einem Bordell oder ähnlichen Geschäft ins Ausland bringt oder bringen läßt, wird mit Kerker von einem bis zu fünf Jahren, im Falle der gewerbsmäßigen Begehung, sowie wenn der Täter wegen eines gleichen Verbrechens schon einmal bestraft wurde und seit Verbüßung der Strafe zehn Jahre noch nicht verstrichen sind, mit Kerker von fünf bis zu zehn Jahren bestraft.

### 344

Die Verbindung zur Begehung des Verbrechens der in Punkt 342 Abs. 2 und in Punkt 343 Abs. 2—4 bezeichneten Kuppelei wird, wenn keine Vorbereitungshandlung dazukommt, mit Kerker bis zu einem Jahr, wenn jedoch auch eine Vorbereitungshandlung begangen wurde, mit Kerker bis zu zwei Jahren bestraft.

345

Der in den Punkten 341—344 den Frauen zugesicherte strafrechtliche Schutz erstreckt sich — mit den dort angeführten Einschränkungen — auch auf Personen männlichen Geschlechts.

346

Für die Strafbarkeit der Kuppelei ist es gleichgültig, ob die Handlung oder einzelne Elemente davon im In- oder im Ausland begangen wurden.

## Sonstige Strafhandlungen gegen die geschlechtliche Moral

347

(1) Wegen Verbrechens wird mit Kerker bis zu sechs Monaten bestraft, wer:

a) zum Zweck des Handels, der Verteilung oder der öffentlichen Schaustellung unzüchtige Schriften, Zeichnungen, Abbildungen, Stiche, Bilder, Plakate, Zeichen, Lichtbilder, Filme oder andere Gegenstände herstellt, vorrätig hält oder solche Gegenstände zu demselben Zweck ein-, durch- oder ausführt;

b) mit solchen Gegenständen — wenn auch nicht öffentlich — Handel oder Schleichhandel betreibt oder sie sonst verbreitet, öffentlich zur Schau stellt oder gewerbsmäßig ausleiht;

c) um den Umsatz von solchen Gegenständen zu fördern oder zu erleichtern, Ankündigungen oder andere Veröffentlichungen über Personen erläßt, die sich mit den unter a und b bezeichneten Handlungen befassen oder über die Art des Erwerbs und von wem solche Gegenstände zu erwerben sind.

(2) Wenn der Verüber auf Grund dieses Punktes bereits bestraft wurde und seit der Verbüßung der Strafe zehn Jahre noch nicht verstrichen sind, wird die Handlung mit Kerker von sechs Monaten bis zu zwei Jahren bestraft.

(3) Die unter a bezeichneten Gegenstände sind auch dann einzuziehen, wenn sie nicht Eigentum des Verurteilten sind.

(4) Auf die Ein-, Durch- und Ausfuhr der unter a bezeichneten Gegenstände können die Strafbestimmungen der zollrechtlichen Vorschriften nicht angewendet werden.

(5) Für die Anwendung dieses Punktes ist es gleichgültig, ob der unter a bezeichnete Gegenstand eine Drucksache ist oder nicht.

348

Wer durch eine das Schamgefühl verletzende Handlung öffentlich Ärgernis erregt, wird mit Kerker bis zu drei Monaten bestraft.

348 A[1])

Wer gewerbsmäßig Unzucht treibt oder seine Wohnung zum Zweck der gewerbsmäßigen Unzucht einem andern überläßt, begeht ein Verbrechen und wird mit Kerker bis zu zwei Jahren bestraft.

1) § 6 der gk. VO Nr. 17 vom Jahre 1955.

# FÜNFTER TEIL

# Straftaten gegen die Person und das Vermögen der Staatsbürger

## XIX. KAPITEL

## Verbrechen gegen das Leben, die Unverletzlichkeit des Körpers und die Gesundheit

### Menschenmord

**349**

Wer einen Menschen mit überlegtem Vorsatz tötet, begeht das Verbrechen des Mordes und wird mit dem Tode bestraft.

**350**

Eine auf die Begehung des in Punkt 349 bezeichneten Verbrechens abzielende Verbindung wird, wenn eine Vorbereitungshandlung dazukommt, mit Kerker von sechs Monaten bis zu zwei Jahren bestraft.

**351**

Wer einen Menschen vorsätzlich, jedoch ohne vorherige Überlegung tötet, begeht das Verbrechen des vorsätzlichen Totschlags und wird mit Kerker von zehn bis zu fünfzehn Jahren bestraft.

**352**

Mit lebenslangem Kerker wird der vorsätzliche Totschlag bestraft, wenn der Täter ihn an Verwandten aufsteigender Linie, an seinem Ehegatten oder an mehreren Menschen begangen hat.

**353**

(1) Ist der Vorsatz während einer heftigen Aufregung des Täters gefaßt und sofort ausgeführt worden, wird der Totschlag mit Kerker von einem bis zu zehn Jahren bestraft.

(2) Ist aber die heftige Aufregung dadurch hervorgerufen worden, daß der Getötete den Täter oder dessen Angehörige widerrechtlich schwer mißhandelte oder beleidigte, und wurde der Totschlag in dieser Aufregung sofort ausgeführt, tritt Kerker von sechs Monaten bis zu fünf Jahren ein.

(3) Der an einem Verwandten auf- oder absteigender Linie oder an einem Ehegatten in heftiger Aufregung verübte Totschlag wird mit Kerker von fünf bis zu zehn Jahren bestraft.

**354**

Ist jemand zur Tötung eines Menschen durch dessen ausdrückliches und bestimmtes Verlangen bestimmt worden, wird derselbe mit Kerker von sechs Monaten bis zu drei Jahren bestraft.

**355**

Eine Mutter, die ihr uneheliches Kind während oder unmittelbar nach der Geburt vorsätzlich tötet, wird mit Kerker von sechs Monaten bis zu fünf Jahren bestraft.

**356**

Wer fahrlässig den Tod eines Menschen verursacht, begeht ein Verbrechen und wird mit Kerker von einem bis zu fünf Jahren bestraft.

**357**

Sind im Fall eines Mordes oder einer Tötung Personen auf seiten des Verstorbenen verblieben, für deren Unterhalt er zu sorgen verpflichtet war, ist zu deren Gunsten auch auf eine angemessene Entschädigung zu erkennen, die den Verhältnissen entsprechend in einem einmalig zu zahlenden Kapital oder in einer Jahresrente bestehen kann.

## Abtreibung

**358**

(1) Eine schwangere Frau, die ihre Leibesfrucht vorsätzlich abtreibt oder im Mutterleib tötet oder dieses durch einen andern bewerkstelligen läßt, wird, wenn die Schwangerschaft unehelich ist, mit Kerker von sechs Monaten bis zu zwei Jahren, im anderen Fall mit Kerker von sechs Monaten bis zu drei Jahren bestraft.

(2) Dieselbe Strafe trifft denjenigen, der dieses Verbrechen mit Einwilligung der Frau begeht; hat er die Handlung aus Gewinnsucht begangen, tritt Kerker von sechs Monaten bis zu fünf Jahren ein.

**359**

(1) Wer die Leibesfrucht einer Schwangeren ohne deren Wissen oder Willen vorsätzlich abtreibt oder tötet, wird mit Kerker von einem bis zu fünf Jahren bestraft.

(2) Wird hierdurch der Tod der Schwangeren verursacht, tritt Kerker von zehn bis zu fünfzehn Jahren ein.

## Körperverletzung

**360**

Wer vorsätzlich, aber ohne die Absicht zu töten, einen andern körperlich mißhandelt oder an der Gesundheit schädigt, begeht, wenn die dadurch verursachte Verletzung oder Geistesstörung länger als acht Tage dauert, das Verbrechen der schweren Körperverletzung, wenn sie nicht länger als acht Tage dauert, das Verbrechen der leichten Körperverletzung.

**361**

(1) Das Verbrechen der schweren Körperverletzung wird bei einer Heildauer von mehr als zwanzig Tagen mit Kerker von sechs Monaten bis zu drei Jahren bestraft; bei einer Heildauer von weniger als zwanzig, aber mehr als acht Tagen, mit Kerker bis zu einem Jahr. Das Verbrechen der leichten Körperverletzung wird mit Kerker bis zu sechs Monaten bestraft.

(2) Wird eine Körperverletzung an Verwandten aufsteigender Linie begangen, ist die Strafe im Falle des Abs. 1 Satz 1 Kerker von sechs Monaten bis zu fünf Jahren, Satz 2 bis zu drei Jahren, bei leichter Körperverletzung jedoch Kerker bis zu zwei Jahren.

**362**

(1) Mit Kerker von sechs Monaten bis zu fünf Jahren wird die Körperverletzung bestraft, wenn der Verletzte durch sie ein wichtiges Glied des Körpers, einen Sinn, die Sprache, das Gehör, das Sehvermögen oder die Zeugungsfähigkeit verliert; wenn ein Glied, ein Sinn oder eine dieser Fähigkeiten unbrauchbar und der Verletzte dadurch zum Krüppel wird;

wenn er in Geisteskrankheit oder in eine voraussichtlich lange dauernde Krankheit fällt; wenn er zur Fortsetzung seiner regelmäßigen Beschäftigung für immer oder für voraussichtlich lange Zeit unfähig oder wenn er auffallend verunstaltet wird.

(2) Wird jedoch eine dieser Verletzungen an Verwandten aufsteigender Linie begangen, ist die Strafe Kerker von einem bis zu fünf Jahren.

### 363

Die in Punkt 362 festgesetzte Strafe ist auch anzuwenden, wenn die Körperverletzung an einer schwangeren Frau begangen wird und diese infolgedessen die Leibesfrucht verliert.

### 364

Ist die Absicht des Täters auf eine der in den Punkten 362 und 363 bezeichneten Folgen gerichtet und ist diese auch eingetreten, ist die Strafe Kerker von einem bis zu fünf Jahren.

### 365

Ist infolge der schweren Körperverletzung der Tod des Verletzten eingetreten, ist die Strafe Kerker von einem bis zu zehn Jahren; war aber die Absicht des Täters auf die in den Punkten 362 und 363 bezeichneten Folgen gerichtet und ist der Tod des Verletzten eingetreten, ist die Strafe Kerker von fünf bis zu zehn Jahren.

### 366

(1) Wurde im ersten Fall des Punktes 365 die den Tod verursachende Körperverletzung in einer heftigen Aufregung des Täters begangen, ist die Strafe Kerker von einem bis zu fünf Jahren.

(2) Wurde aber die heftige Aufregung dadurch hervorgerufen, daß die infolge der Verletzung verstorbene Person den Täter oder dessen Angehörige widerrechtlich schwer mißhandelte und wurde die Körperverletzung in dieser Aufregung sofort begangen, so ist die Strafe Kerker von sechs Monaten bis zu drei Jahren.

(3) Die Bestimmungen dieses Punktes sind nicht anwendbar, wenn die den Tod verursachende Körperverletzung an den in aufsteigender Linie Verwandten des Täters begangen wird.

### 367

Wurde die schwere Körperverletzung durch von mehreren verübte Mißhandlungen herbeigeführt und kann nicht festgestellt werden, wer dieselbe verursacht hat, wird jeder, der an der Mißhandlung vorsätzlich teilgenommen hat, mit Kerker von sechs Monaten bis zu zwei Jahren bestraft; ist aber durch die Mißhandlung der Tod eines Menschen verursacht worden, so wird jeder mit Kerker von sechs Monaten bis zu drei Jahren bestraft.

### 368

(1) Wer einem andern in der Absicht, dessen Gesundheit zu schädigen, Gift oder andere schädliche Stoffe beibringt oder dieselben auf irgendeine Weise anwendet, wird mit Kerker von sechs Monaten bis zu fünf Jahren bestraft. Sind die Stoffe lebensgefährlich und wurden sie nicht

in Tötungsabsicht beigebracht oder angewendet, ist die Strafe Kerker von drei bis zu fünf Jahren.

(2) Ist durch die Beibringung oder Anwendung lebensgefährlicher Stoffe eine der in den Punkten 362 und 363 bezeichneten Folgen oder der Tod eingetreten, wird der Täter mit Kerker von zehn bis zu fünfzehn Jahren bestraft.

**369**

(1) Wer durch Fahrlässigkeit einem andern eine schwere Körperverletzung zufügt, wird mit Kerker bis zu einem Jahr bestraft.

(2) Ist aber die schwere Körperverletzung durch Unkenntnis oder Nachlässigkeit des Täters in seinem Berufe oder bei seiner Beschäftigung oder durch einen Fehler gegen deren Regeln herbeigeführt worden, tritt Kerker bis zu drei Jahren ein.

**370**

In den Fällen der Punkte 360—369 ist auf Verlangen und zugunsten des Verletzten auch auf eine angemessene Entschädigung zu erkennen, die bei dauernder Krankheit oder Berufsunfähigkeit, entsprechend den persönlichen oder Familienverhältnissen des Verletzten, in einem einmalig zu zahlenden Kapital oder einer Jahresrente bestehen kann.

**371**

Wegen des Verbrechens der leichten Körperverletzung tritt das Strafverfahren nur auf Antrag des Verletzten ein.

**372**

Für die Anwendung dieses Kapitels ist als Körperverletzung auch die vorsätzliche oder fahrlässige Ansteckung mit einer Geschlechtskrankheit zu betrachten.

### Verleitung zum Selbstmord

**373**

(1) Mit Kerker bis zu drei Jahren wird bestraft, wer einen andern zum Selbstmord bestimmt oder ihm zu diesem Zweck wissentlich Mittel und Werkzeuge verschafft.

(2) Haben jedoch zwei Personen verabredet, daß es auf eine von vornherein bestimmte Weise vom Los abhängig gemacht wird, welche von ihnen zum Selbstmörder werden soll, und wurde infolgedessen die auf den Selbstmord gerichtete Handlung ausgeführt, ist, wenn der Tod nicht erfolgte, gegen beide auf Kerker von einem bis zu fünf Jahren zu erkennen. Ist aber der Tod eingetreten, so wird der Überlebende mit Kerker von fünf bis zu zehn Jahren bestraft.

### Gefährdung des Lebens oder der Unverletztheit des Körpers[1])

**374**

Wegen Verbrechens wird mit Kerker von einem bis zu fünf Jahren bestraft, wer durch die wissentliche Verletzung der Regeln seines Berufes oder seiner Beschäftigung oder durch die wissentliche Vernachlässigung

[1]) Die Punkte 374—376 enthalten die §§ 20 Abs. 1, 20 Abs. 2 u. 21 des XLVIII. Gesetzes vom Jahre 1948.

seiner Pflichten das Leben oder die Unverletztheit des Körpers von andern einer unmittelbaren Gefahr aussetzt.

375

Der Verüber der in Punkt 374 bezeichneten Handlung wird mit Kerker von einem bis zu fünf Jahren bestraft, wenn die Handlung eine schwere Körperverletzung verursacht hat oder wegen eines Vermögensvorteils oder wiederholt, bzw. kontinuierlich begangen wurde. Wenn jedoch die Handlung den Tod des Verletzten verursacht hat, ist die Strafe Kerker von einem bis zu zehn Jahren.

376

Wer die in Punkt 374 bezeichnete Handlung fahrlässig begeht, wird mit Kerker bis zu einem Jahr, wer jedoch die in Punkt 375 bezeichnete Handlung fahrlässig begeht, mit Kerker bis zu drei Jahren bestraft.

Unterlassene Hilfeleistung[2])

377

Wer dem Opfer eines durch sein fahrlässiges oder unverschuldetes Verhalten verursachten Unfalls,

oder wer dem Opfer einer durch ihn bedienten, bzw. angewandten Maschine, Gerät oder Mittel,

oder eines durch ein unter seiner unmittelbaren Aufsicht stehendes Tier verursachten Unfalls oder einer Verletzung,

nicht die unter den obwaltenden Umständen ihm zumutbare Hilfe leistet,

wird mit Kerker von einem bis zu drei Jahren bestraft; wenn jedoch deshalb der Verletzte stirbt, mit Kerker von einem bis zu fünf Jahren bestraft.

(2) Wer dem Opfer eines solchen Unfalls oder einer solchen Verletzung, die nicht durch ihn,

oder die durch ihn bediente, bzw. angewandte Maschine, Gerät oder Mittel oder das unter seiner unmittelbaren Aufsicht stehende Tier verursacht wurde,

in der verunglückten Lage auffindet und

nicht die ihm zumutbare Hilfe leistet, wird mit den in Abs. 1 getroffenen Unterscheidungen mit Kerker bis zu einem Jahr, bzw. mit Kerker von sechs Monaten bis zu zwei Jahren bestraft.

Aussetzung, Verlassen

378

(1) Wer eine infolge ihres Alters oder ihres Zustandes hilflose Person, zu deren Pflege er verpflichtet ist oder die unter seiner Aufsicht steht, aussetzt oder in hilfloser Lage verläßt, wird mit Kerker von sechs Monaten bis zu drei Jahren bestraft.

(2) Hat durch die Aussetzung oder das Verlassen die ausgesetzte oder verlassene Person eine schwere Körperverletzung erlitten, wird die Handlung mit Kerker von einem bis zu fünf Jahren und wenn dadurch der Tod verursacht wurde, mit Kerker von fünf bis zu zehn Jahren bestraft.

---

[1]) § 22 des XLVIII. Gesetzes vom Jahre 1948.

# XX. KAPITEL

## Strafhandlungen gegen die persönliche Freiheit und Würde

### Verletzung der persönlichen Freiheit

**379**

(1) Wer einen Menschen widerrechtlich gefangen nimmt, gefangen nehmen läßt, gefangen hält oder auf eine andere Weise der persönlichen Freiheit beraubt;

oder wer einen Menschen in einem gesetzlich gestatteten Fall gefangen hält, aber nicht so bald als möglich der Behörde hierüber Anzeige erstattet, begeht das Verbrechen der Verletzung der persönlichen Freiheit und wird mit Kerker bis zu drei Monaten bestraft.

(2) Hat die Freiheitsentziehung mehr als sieben, aber nicht mehr als fünfzehn Tage gedauert, wird sie mit Kerker bis zu einem Jahr bestraft; hat sie mehr als fünfzehn Tage, aber nicht mehr als einen Monat gedauert, wird sie mit Kerker bis zu zwei Jahren, hat sie mehr als einen Monat, aber nicht drei Monate gedauert, wird sie mit Kerker von sechs Monaten bis zu drei Jahren, hat sie endlich mehr als drei Monate gedauert, wird sie mit Kerker von einem bis zu fünf Jahren bestraft.

(3) Wurde gegen die gefangene Person noch eine andere Gewalttätigkeit oder Mißhandlung begangen, können — sofern dadurch nicht ein schwerer zu bestrafendes Verbrechen vorliegt — die in diesem Punkt bestimmten Strafen um je ein Jahr erhöht werden.

**380**

Mit Kerker von zehn bis zu fünfzehn Jahren wird die Verletzung der persönlichen Freiheit bestraft:

a) wenn dem Gefangenen durch die Freiheitsentziehung oder Mißhandlung eine in den Punkten 362 oder 363 bezeichnete Körperverletzung zugefügt wurde;

b) wenn der Gefangene in fremde Kriegsdienste oder in die Sklaverei gebracht wurde.

**381**

Mit Kerker von zehn bis zu fünfzehn Jahren wird die Verletzung der persönlichen Freiheit bestraft, wenn ein Gefangener infolge der Freiheitsentziehung oder der hierbei erlittenen Mißhandlungen stirbt und die Handlung keinen Mord bildet.

### Frauenraub

**382**

Wer eine Frau in auf Unzucht oder Ehebruch gerichteter Absicht gegen ihren Willen durch Gewalt, Drohungen oder List in seine Gewalt bringt, entführt oder zurückhält, wird mit Kerker von einem bis zu fünf Jahren bestraft.

**383**

In den Fällen des Punktes 382 tritt das Strafverfahren nur auf Antrag der verletzten Partei ein, sofern nicht einer der in Punkt 333 bezeichneten Fälle oder der Fall einer schweren Körperverletzung vorliegt.

## Hausfriedensbruch

### 384

Wer in die Wohnung oder die Geschäftsräume eines andern oder in die damit zusammenhängenden oder dazu gehörigen Räume oder in einen umfriedeten Raum widerrechtlich gegen den Willen des dort Wohnenden oder des über die Wohnung Verfügenden durch Gewalt, Drohungen oder mittels falscher Schlüssel eindringt, begeht — soweit nicht eine schwerer zu bestrafende Handlung vorliegt — das Verbrechen des Hausfriedensbruchs und wird mit Kerker von sechs Monaten bis zu zwei Jahren bestraft.

### 385

Mit Kerker von sechs Monaten bis zu drei Jahren wird der Hausfriedensbruch bestraft:

a) wenn der Täter sich fälschlich eine amtliche Eigenschaft beilegt oder eine behördliche Verfügung vorgespiegelt hat;
b) wenn der Hausfriedensbruch nachts oder gemeinschaftlich durch mehrere Personen begangen wurde;
c) wenn der Hausfriedensbruch bewaffnet begangen wurde.

### 386

(1) Wer in die Wohnung oder die Geschäftsräume eines andern oder in die damit zusammenhängenden oder dazu gehörigen Räume ohne rechtlichen Grund durch List oder gegen Willen des dort Wohnenden oder des über die Wohnung Verfügenden eintritt oder daselbst verweilt, wird mit Kerker bis zu drei Monaten bestraft.

(2) Das Strafverfahren tritt nur auf Antrag des Verletzten ein.

## Verletzung des Briefgeheimnisses

### 387

(1) Wer an einen andern gerichtete Briefe, versiegelte Schriften oder telegrafische Depeschen unberechtigterweise eröffnet, oder wer sich in den Besitz von an einen andern gerichteten, wenn auch nicht verschlossenen Briefen oder telegrafischen Depeschen setzt, um deren Inhalt zu erfahren, oder wer zum gleichen Zweck diese einem Dritten widerrechtlich übergibt, begeht ein Verbrechen und wird mit Kerker bis zu dreißig Tagen bestraft.

(2) Wer jedoch ein Geheimnis, zu dessen Kenntnis er auf die oben bezeichnete Weise gelangt ist, veröffentlicht oder die Briefe, Schriftstücke oder Depeschen zum Schaden des Absenders oder des Empfängers benützt, wird mit Kerker bis zu drei Monaten bestraft.

(3) Das Strafverfahren tritt nur auf Antrag des Verletzten ein.

## Verletzung fremder Geheimnisse

### 388

(1) Öffentliche Beamte, Rechtsanwälte, Ärzte, Wundärzte, Apotheker und Hebammen, die ein ihnen kraft ihres Amtes, ihrer Stellung oder ihrer Beschäftigung zu ihrer Kenntnis gelangtes oder anvertrautes, den guten Ruf einer Familie oder einer Person gefährdendes Geheimnis ohne begründete Ursache einem Dritten offenbaren, begehen Verbrechen und werden auf Antrag des Verletzten mit Kerker bis zu drei Monaten bestraft.

(2) Diese Bestimmung erstreckt sich auch auf die Gehilfen der obenbezeichneten Personen.

389

Die Bestimmung des vorstehenden Punktes gilt nicht für den Fall, daß die oben bezeichneten Personen von einem zu ihrer Kenntnis gelangten oder anvertrauten Geheimnis pflichtgemäß der Behörde Anzeige erstatten, oder daß sie auf Befragen der Behörde oder bei der Vernehmung als Zeugen das Geheimnis offenbaren.

## Verleumdung — Ehrenbeleidigung[1])

390

Wer über einen andern in Gegenwart Dritter eine Tatsache behauptet oder verbreitet, die im Falle ihrer Bewahrheitung den Anlaß zur Einleitung eines Straf- oder Disziplinarverfahrens gegen den Betreffenden bilden oder ihn in der öffentlichen Meinung verächtlich machen würde, begeht das Verbrechen der Verleumdung.

391

Wer gegenüber einem andern einen beschimpfenden, herabwürdigenden oder beschämenden Ausdruck gebraucht oder ein solche Handlung verübt, begeht — insoweit der Fall des Punktes 390 nicht vorliegt — das Verbrechen der Ehrenbeleidigung.

392

(1) Die Strafe der Verleumdung ist Kerker bis zu sechs Monaten.

(2) Auf eine Strafe von Kerker bis zu einem Jahr ist zu erkennen, wenn:

a) die Handlung im Wege der Presse oder sonstwie öffentlich begangen wurde;
b) der Verletzte eine auf Grund eines Gesetzes gebildete Körperschaft, eine Kommission oder ein Mitglied derselben, eine Behörde oder ein öffentlicher Beamter ist und die Beleidigung sich auf seine amtliche Tätigkeit bezieht;
c) die Handlung aus niedrigen Beweggründen begangen wurde.

393

(1) Die Ehrenbeleidigung wird mit Geldstrafe belegt.

(2) Wenn die Beleidigung auffallend grob ist, und ebenso in den in Punkt 392 Abs. 2 bezeichneten Fällen, ist die Strafe Kerker bis zu sechs Monaten.

394

(1) Wird die Handlung gegen die in Punkt 392 Abs. 2 a bezeichnete Körperschaft, Kommission oder Person in bezug auf ihre amtliche Tätigkeit im Wege der Presse begangen, ist die Strafe der Verleumdung Kerker bis zu zwei Jahren.

(2) In denselben Fällen wird die Ehrenbeleidigung mit Kerker bis zu einem Jahr bestraft.

395

Wegen Verleumdung oder Ehrenbeleidigung findet ein Strafverfahren — mit Ausnahme der in den Punkten 397, 398, 400 und 401 bezeichneten Fälle — nur auf Antrag statt.

---

1) Die Punkte 388—408 enthalten die §§ 1—19 des XLI. Gesetzes vom Jahre 1914.

**396**

Bei wechselseitigen Verleumdungen oder Ehrenbeleidigungen steht, solange das erstinstanzliche Gericht das auf Antrag der einen Partei eingeleitete Strafverfahren noch nicht beendigt hat, der andern Partei das Recht zur Antragstellung zu, auch wenn die Frist (§ 22 StGBA) schon abgelaufen ist, vorausgesetzt, daß die Verjährung (§ 25 StGBA) das Strafverfahren nicht ausschließt.

**397**

(1) Verleumdung oder Ehrenbeleidigung darf nur nach Ermächtigung verfolgt werden, wenn sie gegen:

a) den Reichstag oder einen seiner Ausschüsse,
b) den Vorsitzendenrat der Volksrepublik,
c) den Ministerrat,
d) die Volksarmee, ein mit besonderer Bestimmung aufgestelltes militärisches Wachkorps oder gegen einen Teil desselben begangen wurde.

(2) Die Ermächtigung wird:
in den unter a bezeichneten Fällen durch den Reichstag,
in den unter b bezeichneten Fällen durch den Vorsitzendenrat,
in den unter c bezeichneten Fällen durch den Ministerrat,
in den unter d bezeichneten Fällen durch den Verteidigungsminister erteilt.

**398**

(1) Verleumdung oder Ehrenbeleidigung darf auch dann nur nach Ermächtigung verfolgt werden, wenn über:

a) einen Minister,
b) ein ordentliches Gericht, die Staatsanwaltschaft oder deren Mitglieder oder Angestellte,
c) ein Sondergericht oder dessen Mitglieder,
d) einen öffentlichen Beamten der unter a—c nicht erwähnten Staats-, Komitats-, Kreis-, Stadt- (Stadtbezirk-) oder Gemeinde-Behörden oder gegen einen öffentlichen Beamten der Gemeinde,

in bezug auf ihre amtliche Tätigkeit, eine solche Tatsache behauptet oder verbreitet wurde, deren Bewahrheitung ein Straf- oder Disziplinarverfahren nach sich ziehen würde.

(2) Die Ermächtigung wird:
in den unter a bezeichneten Fällen, durch den Verletzten,
in den unter b bezeichneten Fällen durch den Justizminister,
in den unter c bezeichneten Fällen durch denjenigen Minister, unter dessen Aufsicht das Gericht steht, in Ermangelung einer solchen Aufsicht, durch den Verletzten selbst,
in den unter d bezeichneten Fällen durch die vorgesetzte, bzw. Aufsichtsbehörde der beleidigten Behörde, und in Ermangelung einer solchen durch den Verletzten selbst, erteilt.

(3) Wenn der Verletzte es wünscht, kann die Ermächtigung nur dann verweigert werden, wenn die Erteilung öffentliche Interessen verletzen würde.

(4) Wurde die in Abs. 1 bezeichnete Verleumdung oder Ehrenbeleidigung gegen eine dort nicht angeführte Behörde oder gegen einen öffentlichen Beamten begangen, kann die Strafhandlung entweder mit der Ermächtigung des Verletzten oder der vorgesetzten, bzw. Aufsichtsbehörde verfolgt werden.

**399**

Wenn der Verletzte während seiner Tätigkeit im öffentlichen Dienst die Ermächtigung nicht erteilt hat, oder wenn der Verletzte bei der Begehung der Strafhandlung bereits nicht mehr im öffentlichen Dienst war, wird das Strafverfahren wegen einer in Punkt 398 Abs. 1 a bezeichneten Verleumdung oder Ehrenbeleidigung auf Antrag eingeleitet.

**400**

Die in Punkt 398 Abs. 1 b—d bezeichnete Verleumdung oder Ehrenbeleidigung kann auch dann nur mit Ermächtigung verfolgt werden, wenn der Verletzte im Zeitpunkt der Begehung der Strafhandlung bereits nicht mehr im öffentlichen Dienst war. Die Ermächtigung kann aber — sofern die Erteilung nicht dem Verletzten selbst zusteht — allein auf Wunsch des Verletzten erteilt werden.

**401**

Ist die Verleumdung oder Ehrenbeleidigung gegen den Monarchen oder das Oberhaupt eines fremden Staates oder gegen einen beglaubigten Gesandten oder Geschäftsführer eines fremden Staates gerichtet, kann die Strafhandlung nur auf das auf diplomatischem Weg gestellte Verlangen des Verletzten eingeleitet werden.

**402**

(1) Im Falle einer Verleumdung oder Ehrenbeleidigung ist der Beweis der Wahrheit der behaupteten oder verbreiteten Tatsache,

ebenso des auf eine Tatsache unmittelbar hinweisenden Ausdrucks, allein auf Antrag des Beschuldigten und auch dann nur in den folgenden Fällen statthaft:

a) wenn die Behauptung, das Gerücht oder die Anwendung des Ausdruckes zur Förderung, Wahrung oder Verteidigung öffentlicher oder rechtlicher Privatinteressen geschehen ist;

b) wenn wegen der behaupteten Tatsache ein Straf- oder Disziplinarverfahren eingeleitet worden ist;

c) wenn die betreffende Tatsache durch den rechtskräftigen Endbeschluß einer Strafbehörde als wahr erklärt wurde, vorausgesetzt, daß die Behauptung, Verbreitung oder Anwendung des Ausdruckes nicht eine Beleidigung bezweckt hat.

(2) Der Beweis der Wahrheit ist jedoch auch mangels der unter a—c angeführten Voraussetzungen anzuordnen, wenn auch der Verletzte selbst die Zulassung des Wahrheitsbeweises fordert.

(3) Wenn der Verurteilte von den an das Strafurteil (Strafmandat) sich anschließenden Nachteilen kraft Gesetzes oder durch richterlichen Beschluß oder Begnadigung befreit wurde, ist der Wahrheitsbeweis auf Grund des Abs. 1 c nicht statthaft.

**403**

Der Beweis der Wahrheit der behaupteten oder verbreiteten Tatsache, ebenso des auf eine Tatsache unmittelbar hinweisenden Ausdrucks ist allein auf Antrag des Beschuldigten und nur in dem Falle statthaft, daß der Beschuldigte beweist, daß die Behauptung, die Verbreitung, bzw. die Anwendung des Ausdrucks und gleichzeitig auch ihre Weise und ihre

Form zur Verteidigung öffentlicher oder rechtlicher Privatinteressen notwendig war,

falls die Behauptung, das Gerücht oder der Ausdruck Verhältnisse des Familienlebens betreffen oder die weibliche Ehre angreifen oder sich auf eine Handlung beziehen, die nur auf Antrag verfolgt werden darf und der Antragsberechtigte einen solchen Antrag nicht gestellt hat und der Beschuldigte im Zeitpunkt der Begehung der Strafhandlung dies gewußt hat.

**404**

Der Beweis der Wahrheit ist überhaupt ausgeschlossen, wenn:

a) der Verletzte eine in Punkt 401 bezeichnete Person ist,

b) die Behauptung, das Gerücht oder der Ausdruck sich auf eine Strafhandlung oder ein Disziplinarvergehen beziehen, in dem eine gerichtliche Behörde deswegen ein freisprechendes Urteil oder einen Einstellungsbescheid gefaßt hat, weil entweder die der Anklage zugrunde liegende Handlung nicht nachgewiesen ist, oder daß dieselbe durch den Angeklagten begangen wurde.

**405**

Der Beweis der Wahrheit der behaupteten oder verbreiteten Tatsache, ebenso des auf irgendeine Tatsache unmittelbar hinweisenden Ausdrucks, schließt die Feststellung einer Verleumdung oder Ehrenbeleidigung aus.

**406**

(1) Wegen Verleumdung oder Ehrenbeleidigung findet die Strafverfolgung nicht statt, wenn die Tatsachenbehauptung oder die Anwendung irgendeines, auf eine Tatsache unmittelbar hinweisenden Ausdrucks, bei der Verhandlung einer vor einer Behörde anhängigen Angelegenheit mündlich oder in den Schriftstücken in bezug auf diese Angelegenheit und über eine der Parteien, gebraucht wird.

(2) Dieselben Bestimmungen gelten für die übrigen mündlich oder in den Schriftstücken abgegebenen Erklärungen der Parteien oder ihrer Rechtsvertreter, vorausgesetzt, daß die Erklärung mit der Angelegenheit in Zusammenhang steht und im Interesse der Parteien notwendig war.

**407**

Wurde zu der Beleidigung durch das rechtswidrige, herausfordernde oder anstößige Verhalten des Verletzten Grund gegeben, kann das Gericht unter Feststellung der Schuld dem Angeklagten die Strafe erlassen.

**408**

Ist eine Verleumdung oder Beleidigung auf der Stelle erwidert worden, kann das Gericht unter Feststellung der Schuldfrage beiden Angeklagten oder einem derselben die Strafe erlassen.

### Verunglimpfung eines Verstorbenen oder seines Andenkens

**409**

Wer einen Verstorbenen oder sein Andenken verunglimpft, begeht ein Verbrechen und wird nach den in den Punkten 390—394 getroffenen Unterscheidungen mit den dort bestimmten Strafen bestraft.

**410**

(1) Im Falle des in Punkt 409 bezeichneten Verbrechens, wird das Strafverfahren in der Regel auf Antrag eingeleitet.

(2) Im übrigen sind die Vorschriften der Punkte 398—406 entsprechend anzuwenden.

Diskreditierung[1])

**411**

(1) Wer durch die Behauptung oder Verbreitung einer unwahren Tatsache oder durch die Anwendung eines auf eine Tatsache unmittelbar hinweisenden unwahren Ausdruckes den Kredit eines anderen gefährdet oder seine Kreditfähigkeit vermindert, begeht ein Verbrechen.

(2) Diese Bestimmung bezieht sich auf eine im Geschäftsverkehr übliche, auf Verlangen vertraulich erteilte Auskunft nur dann, wenn sie der Angeforderte wider besseres Wissen gegeben hat.

**412**

(1) Das in Punkt 411 bezeichnete Verbrechen wird nach den Vorschriften des Abs. 1 des Punktes 392 bestraft.

(2) In den Fällen der Abs. 2 a und c des Punktes 392 ist die dort angeführte Strafe anzuwenden.

**413**

Im Falle des in Punkt 411 bezeichneten Verbrechens wird das Strafverfahren auf Antrag eingeleitet.

Gemeinsame Vorschriften im Bereiche[2]) des Ehrenschutzes

**414**

Ist wegen einer Tatsache ein Straf- oder Disziplinarverfahren eingeleitet, über deren Wahrheit das Beweisverfahren angeordnet wurde, so setzt das Gericht das Verfahren bis zur rechtskräftigen Erledigung aus.

**415**

Die Vorschriften des Punktes 204 sind auch auf die in den Punkten 390, 391, 409 und 411 bezeichneten Verbrechen entsprechend anzuwenden.

**416—417[3])**

Verbrechen gegen die Religion

**418**

Wer eine gottesdienstliche Verrichtung einer vom Staat anerkannten Religionsgenossenschaft mit Gewalt verhindert oder stört, begeht ein Verbrechen und wird mit Kerker bis zu einem Jahr bestraft.

**419**

Wer an einem zu gottesdienstlichen Handlungen einer vom Staat anerkannten Religionsgenossenschaft dienenden Ort ein öffentliches Ärger-

---

[1]) Die Punkte 411—413 enthalten die §§ 24—26 Abs. 1 des XLI. Gesetzes vom Jahre 1914.

[2]) Die Punkte 414—415 enthalten die §§ 27—28 des XLI. Gesetzes vom Jahre 1914.

[3]) Enthielten Übertretungen, die infolge des gk. VO Nr. 17 vom Jahre 1955 Regelverletzungen wurden.

nis begeht oder einen Gegenstand des Gottesdienstes oder Gegenstände, die für gottesdienstliche Verrichtungen bestimmt sind, an einem dem Gottesdienst geweihten Ort oder, zwar außerhalb desselben, aber während einer gottesdienstlichen Verrichtung tätlich oder mit Ärgernis erregenden Worten beschimpft, begeht ein Verbrechen und wird mit Kerker bis zu sechs Monaten bestraft.

**420**

(1) Wer den Seelsorger einer vom Staat anerkannten Religionsgenossenschaft während einer gottesdienstlichen Verrichtung wörtlich oder tätlich öffentlich beschimpft oder bedroht, begeht ein Verbrechen und wird mit Kerker bis zu einem Jahr bestraft.

(2) Wer aber den Seelsorger während einer gottesdienstlichen Verrichtung körperlich verletzt, begeht ein Verbrechen und wird — sofern die Handlung nicht unter eine schwerere Zurechnung fällt — mit Kerker von sechs Monaten bis zu zwei Jahren bestraft.

**421**[1]

## XXI. KAPITEL

## Strafhandlungen gegen die Güter der Staatsbürger

### Diebstahl

**422**

Wer eine fremde bewegliche Sache aus dem Besitz oder dem Gewahrsam eines andern ohne dessen Einwilligung in der Absicht wegnimmt, sich dieselbe rechtswidrig zuzueignen, begeht einen Diebstahl.

**423**

(1) Übersteigt der Wert der gestohlenen Sache nicht sechshundert Forint, ist der Diebstahl mit Kerker bis zu einem Jahr, im entgegengesetzten Falle mit Kerker von sechs Monaten bis zu fünf Jahren zu bestrafen.

(2) Als Wert der gestohlenen Sache ist derjenige Wert anzunehmen, den die Sache zur Zeit des Diebstahls hatte.

**424**

Bei der Entscheidung über die Anwendung des Punktes 423 ist der Wert aller Sachen einzubeziehen, die derselbe Täter, wenn auch bei verschiedenen Diebstählen, entwendet hat oder zu entwenden versuchte oder an deren Entwendung er teilgenommen hat.

**425**

(1) Wer aus einem Obstgarten, Weingarten, einer Baumschule oder vom Felde landwirtschaftliche Erzeugnisse entwendet oder wer unbefugt die vom Boden nicht getrennten Erzeugnisse eines andern abpflückt, abschneidet oder entwendet, begeht — sofern der Wert der Sache nicht sechzig Forint übersteigt — eine Regelverletzung. Wenn aber in einem der obengenannten Fälle die Umstände, bei denen der Diebstahl ohne Rücksicht auf den Wert der Sache unter Punkt 427 fällt, vorliegen,

---

[1]) Siehe vorhergehende Fußnote.

bildet der Fall ein Verbrechen, auch dann, wenn der Wert der gestohlenen Sache sechzig Forint nicht übersteigt. Wenn aber an den hier angeführten Orten landwirtschaftliche Erzeugnisse mittels Einsteigens gestohlen werden, ist, falls der Wert der gestohlenen Sache sechzig Forint nicht übersteigt, auf Regelverletzung zu erkennen.

(2) In diesen Fällen wird das Verfahren nur auf Antrag des Geschädigten eingeleitet.

426

(1) Wer aus einer Bewaldung stehende oder gefällte Bäume oder Holzmaterial oder andere Pflanzen, Walderzeugnisse, Bodenbestandteile, vorbereitetes Holz, im Walde oder auf einem zum Walde gehörenden Gebiet gewachsene landwirtschaftliche oder gärtnerische Produkte, Ameiseneier (Ameisenpuppen) oder Kerbtiere entwendet oder zu entwenden versucht,

begeht — sofern nicht eine, auch mit Rücksicht auf Abs. 2 schwerer zu bestrafende Handlung vorliegt — eine Waldregelverletzung.

(2) Ist eine in Abs. 1 bestimmte Handlung nach dem Gesetz ein Verbrechen, ist der Abs. 1 anzuwenden, falls der Wert der gestohlenen Sache oder der verursachte Schaden dreihundert Forint nicht übersteigt. Wenn jedoch der Wert der gestohlenen Sache zwar dreihundert Forint nicht übersteigt, aber ein Umstand vorliegt, infolgedessen der Diebstahl nach diesem Kapitel ohne Rücksicht auf den Wert der Sache unter die schwerere Zurechnung fällt, ist auf Verbrechen zu erkennen, mit der Ausnahme, daß der Diebstahl an einem eingezäunten Orte mittels Einsteigens begangen wurde. Im Falle eines Walddiebstahls kann die Vorschrift des Punktes 429 — nach der der Diebstahl ohne Rücksicht auf den Wert der gestohlenen Sache unter die schwerere Zurechnung fällt, wenn er bewaffnet begangen wurde oder der Täter mit einem Mittel versehen war, das zu gefährlichem Widerstand befähigt —

nur dann angewendet werden, wenn der Täter Schußwaffen bei sich geführt hat.

(3) Bei der Entscheidung darüber, ob im Falle der in Abs. 1 bezeichneten Handlungen der Wert der gestohlenen Sache oder der verursachte Schaden dreihundert Forint übersteigt oder nicht, ist als Wert der gestohlenen Sache deren, in der Waldpreistabelle angegebener Wert oder sein gemäß § 273 des IV. Gesetzes vom Jahre 1935 bestimmter einfacher Wert, zu betrachten. Als Gegenwert des verursachten Schadens ist jedoch der Betrag zu betrachten, welcher gemäß der §§ 273 und 274 bzw. 265 des IV. Gesetzes vom Jahre 1935 dem Verletzten als Entschädigung zuzusprechen ist.

(4) Der Gesamtwert der gestohlenen Sache oder der verursachte Schaden kann — wenn mehrere Walddiebstähle gleichzeitig beurteilt werden — nicht in einem Betrag zusammengefaßt werden, sondern jede Handlung ist für sich zu beurteilen.

427

Ohne Rücksicht auf den Wert der gestohlenen Sache ist der Diebstahl ein Verbrechen und wird mit Kerker von sechs Monaten bis zu fünf Jahren bestraft, wenn:

a) aus einem zu gottesdienstlichen Verrichtungen einer vom Staat anerkannten Religionsgenossenschaft bestimmten Raum Gegenstände gestohlen werden, die dem Gottesdienst, frommen oder wohltätigen Zwekken gewidmet sind;

b) aus einem Friedhof Gegenstände, die dem Andenken Verstorbener bestimmt sind oder sich an Leichnahmen befinden, gestohlen werden;
c) der Diebstahl in einem Gebäude, umschlosenem Raum oder auf einem Schiff mittels Einbruchs oder Einsteigens begangen wird oder wenn zum Zweck des Diebstahls Schlösser oder andere Sicherheitsvorrichtungen erbrochen werden;
d) der Dieb zum Aufschließen falsche oder gestohlene Schlüssel verwendet;
e) am Schauplatz einer Schlacht, einer Feuers- oder Wassernot oder einer ähnlichen öffentlichen Bedrängnis oder in der Nähe dieses Schauplatzes gestohlen wird;
f) bei Verübung der Handlung zwei oder mehrere Mitglieder einer Räuber- oder Diebesbande zusammengewirkt haben;
g) der Diebstahl von Dienstleuten an ihren Dienstgebern oder deren Hausgenossen begangen wird, ebenso wenn er von Arbeitnehmern an ihren Arbeitgebern begangen wird;
h) der Diebstahl an Personen begangen wird, die mit dem Diebe in häuslicher Gemeinschaft oder in gemeinschaftlichem Haushalt leben;
i) ein öffentlicher Beamter unter Benutzung seiner amtlichen Eigenschaft den Diebstahl begeht;
j) der Dieb oder — falls mehrere den Diebstahl begangen haben — einer von ihnen sich zum Zweck des Diebstahls fälschlich eine amtliche Eigenschaft beigelegt oder einen behördlichen Auftrag vorgespiegelt hat;
k) der Dieb eine Militärperson ist und der Diebstahl an Militärpersonen oder bei einer Einquartierung an dem Vermieter begangen wird;
l) der Dieb einen zu einer Wasserschutz- oder zur Entwässerungsvorrichtung gehörenden oder der Abwendung von Überschwemmungsgefahr dienenden Gegenstand entwendet;
m) der Dieb den Diebstahl an beweglichen Gütern, die auf Transportmitteln der Post oder eines gemeinnützigen Verkehrsunternehmens befördert oder auf Bahnhöfen, in anderen Räumlichkeiten oder im Gebiet der Post bzw. der erwähnten Unternehmen gelagert werden, begangen hat;
n) der Dieb den Diebstahl an elektrischem Strom (Stromdiebstahl) begangen hat.

**428**

Der gestohlene Strom wird — falls die Strommenge nicht festzustellen ist — so in Anschlag gebracht, wie wenn der Dieb mit jeder, bei der Aufdeckung des Diebstahls durch ihn in Betrieb gehaltenen Verbrauchseinrichtung, eine dem Verbrauch von jährlich eintausendfünfhundert Stunden entsprechende Strommenge verbraucht hätte.

**429**

(1) Ohne Rücksicht auf den Wert der gestohlenen Sache, wird der Diebstahl mit Kerker von sechs Monaten bis zu fünf Jahren bestraft, wenn er bewaffnet oder mit einem Mittel begangen wurde, das zur Überwindung eines persönlichen Widerstandes befähigt.

(2) Wenn der Täter die Waffe oder das Mittel kraft seines Berufes oder seiner Beschäftigung rechtmäßig bei sich geführt hat, wird die Vorschrift des vorigen Absatzes nicht angewendet.

**430**

(1) Der Diebstahl wird auch dann mit Kerker von sechs Monaten bis zu fünf Jahren bestraft, wenn er durch einen Rückfälligen begangen wird.

(2) Rückfälliger ist im Sinne dieses Punktes, wer wegen des Verbrechens des Diebstahls, des Raubes, der Erpressung, der Unterschlagung, der Hehlerei oder des Betruges bereits zweimal bestraft worden ist, vorausgesetzt, daß seit der Verbüßung der letzten Strafe zehn Jahre noch nicht verflossen sind.

**431**

(1) In den in Punkt 427 c—f, sowie in Punkt 430 bestimmten Fällen wird das Verbrechen des Diebstahls mit Kerker von einem bis zu fünf Jahren bestraft, wenn der Wert der gestohlenen Sache sechshundert Forint übersteigt.

(2) Mit Kerker von einem bis zu zehn Jahren wird der Diebstahl bestraft, wenn:

a) der Wert der gestohlenen Sache zwölftausend Forint übersteigt und die Handlung auch ohne Rücksicht auf den Wert der gestohlenen Sache unter die schwerere Zurechnung fällt;
b) im Falle des Punktes 430 die Vorstrafen einen Freiheitsentzug von sechs Monaten oder mehr bildeten und die neuerliche Handlung des Täters infolge eines anderen Umstandes unter die schwerere Zurechnung fällt;
c) der Dieb sich gewerbsmäßig mit Diebstahl befaßt.

**432**

(1) Diebstähle unter Ehegatten, Verwandten auf- und absteigender Linie, Geschwistern oder in gemeinschaftlichem Haushalt lebenden Verwandten;

ebenso Diebstähle, die von Mündeln an ihren Vormündern, von Pflegebefohlenen an ihren Kuratoren oder von Zöglingen an ihren Erziehern begangen werden, sind nur auf Antrag des Verletzten zu verfolgen.

(2) Wer den Diebstahl an demjenigen begeht, in dessen Dienst oder Bezahlung er steht oder in dessen Haushalt er lebt oder an den mit dem letztgenannten in gemeinschaftlichem Hauhalt lebenden Angehörigen (§ 29 StGBA), kann nur auf Antrag des Dienstgebers, des Familienhauptes oder des Verletzten in einem Strafverfahren zur Verantwortung gezogen werden.

## Raub

**433**

Wer eine fremde bewegliche Sache dem Besitzer oder Inhaber unter Anwendung von Gewalt oder Drohungen (Punkt 435) gegen ihn oder gegen eine dritte gegenwärtige Person in der Absicht wegnimmt, sich dieselbe rechtswidrig zuzueignen, begeht das Verbrechen des Raubes.

**434**

(1) Als Raub wird betrachtet, wenn der auf frischer Tat ertappte Dieb, um den Diebstahl auszuführen oder sich im Besitz der gestohlenen Sache zu erhalten, Gewalt anwendet oder mit Gewalt droht.

(2) Als Raub wird ein Diebstahl betrachtet, wenn zum Zweck seiner Ausführung eine Person in einen Zustand der Bewußtlosigkeit oder Wehrlosigkeit versetzt wird.

**435**

Unter Drohung wird im Falle des Punktes 433 und 434 Abs. 1 die Androhung der unmittelbaren Begehung einer Handlung verstanden, durch welche das Leben, die Gesundheit oder das Vermögen des Bedrohten, seiner Angehörigen oder eines Anwesenden einer schweren Gefahr ausgesetzt wird.

**436**

Die Strafe des Raubes ist Kerker von fünf bis zu zehn Jahren, im Falle des Punktes 434 Abs. 2 Kerker von einem bis zu zehn Jahren.

**437**

(1) Mit Kerker von zehn bis zu fünfzehn Jahren wird der Raub bestraft, wenn

a) der Verüber wegen Raubes oder Erpressung bereits bestraft worden ist und seit Verbüßung der letzten hierfür verhängten Strafe zehn Jahre noch nicht verstrichen sind oder wenn der Verüber wegen der Verbrechen des Diebstahls, der Unterschlagung, der Hehlerei oder des Betrugs bereits zweimal bestraft worden ist, vorausgesetzt, daß seit Verbüßung der letzten Strafe zehn Jahre noch nicht verstrichen sind;

b) bei dem Raub der Versuch eines vorsätzlichen Totschlags oder eine schwere Körperverletzung begangen wurde.

(2) Wurde aber auch ein vorsätzlicher Totschlag begangen, ist die Strafe lebenslanger Kerker.

## Widerrechtliche Aneignung

**438**

Wer eine fremde Sache findet und dieselbe binnen acht Tagen der Behörde oder demjenigen, der sie verloren hat, nicht übergibt, begeht das Verbrechen der widerrechtlichen Aneignung einer gefundenen Sache und wird mit Kerker bis zu drei Monaten bestraft.

**439**

Wer eine einem andern gehörige, durch Zufall oder Irrtum in seinen Gewahrsam gelangte bewegliche Sache sich rechtswidrig aneignet, begeht ein Verbrechen und wird mit Kerker bis zu sechs Monaten bestraft.

**440**

Wer seine eigene bewegliche Sache oder mit Zustimmung oder zu Gunsten des Eigentümers eine fremde bewegliche Sache dem Nutznießer, Pfandbesitzer oder demjenigen, dem an der Sache ein Gebrauchs- oder Zurückbehaltungsrecht zusteht, rechtswidrig wegnimmt, begeht ein Verbrechen und wird mit Kerker bis zu sechs Monaten bestraft.

**441**

Hat derjenige, der eine rechtswidrige Aneignung begeht, dadurch seinen Ehegatten, einen Verwandten auf- und absteigender Linie, seine Geschwister, einen mit ihm in gemeinschaftlichem Haushalt lebenden Verwandten, seinen Vormund, Kurator oder Erzieher geschädigt, tritt das Strafverfahren nur auf Antrag des Verletzten ein.

## Unterschlagung

**442**

(1) Eine Unterschlagung begeht, wer eine in seinem Besitz oder in seinem Gewahrsam befindliche fremde bewegliche Sache widerrechtlich sich aneignet oder verpfändet.

(2) Die Aneignung ist vollendet, wenn der Besitzer oder Inhaber die Sache veräußert, verbraucht, sie vor dem zur Rückforderung Berechtigten verleugnet oder über dieselbe auf irgendeine Art wie über sein Eigentum verfügt.

(3) Wenn die unter Eigentumsvorbehalt verkaufte und übergebene Sache durch den Käufer angeeignet oder verpfändet wird, ist die Handlung nur dann eine Unterschlagung, wenn der Käufer dadurch die Zahlung des rückständigen Kaufpreises vereitelt oder beeinträchtigt hat.

**443**

(1) Die Unterschlagung wird, wenn der Wert des unterschlagenen Vermögensstücks 600 Forint nicht übersteigt, mit Kerker bis zu einem Jahr, im andern Falle mit Kerker von sechs Monaten bis zu fünf Jahren bestraft.

(2) Ohne Rücksicht auf den Wert der unterschlagenen Sache wird die Unterschlagung mit Kerker von sechs Monaten bis zu fünf Jahren bestraft, wenn sie durch den Arbeitgeber hinsichtlich der Sicherheitsleistung des Arbeitnehmers oder durch einen Rückfälligen begangen wird.

(3) Rückfälliger ist für die Anwendung des Abs. 2, wer wegen der Verbrechen des Diebstahls, des Raubes, der Erpressung, der Hehlerei oder des Betrugs bereits zweimal bestraft worden ist, vorausgesetzt, daß seit Verbüßung der letzten Strafe zehn Jahre noch nicht verstrichen sind.

**444**

Die Vorschriften des Punktes 432 sind auch im Falle der Unterschlagung anzuwenden.

**445—446**[1])

## Betrug

**447**

Wer in der Absicht, sich oder einem anderen einen unrechtmäßigen Vermögensvorteil zu verschaffen, jemanden mit Arglist täuscht oder in Täuschung erhält und hierdurch ihm oder einem anderen einen Vermögensschaden zufügt, begeht einen Betrug.

**448**

(1) Wenn der durch den Betrug zugefügte Schaden dreihundert Forint nicht übersteigt, wird die Handlung mit Kerker bis zu einem Jahr, im andern Fall mit Kerker von sechs Monaten bis zu fünf Jahren bestraft.

(2) Die Vorschriften des Punktes 424 sind auch im Falle eines Betruges anzuwenden.

**449**

(1) Ohne Rücksicht auf die Höhe des zugefügten Schadens wird der Betrug mit Kerker von sechs Monaten bis zu fünf Jahren bestraft, wenn

---

[1]) Enthielten Übertretungen, welche durch den § 10 der gk. VO Nr. 16 vom Jahre 1956 außer Kraft gesetzt wurden.

a) der Betrüger zum Zweck der Begehung der Handlung eine amtliche Eigenschaft oder eine behördliche Betrauung vorgespiegelt hat;
b) der Betrug durch öffentliche Beamte, Rechtsanwälte, Bevollmächtigte, Geschäftsführer oder Privatangestellte im Bereiche ihres Amtes oder ihrer Betrauung begangen wird;
c) der Betrug durch einen Rückfälligen begangen wurde.

(2) Rückfälliger ist im Sinne der Anwendung dieses Punktes, wer wegen der Verbrechen des Diebstahls, des Raubes, der Erpressung, der Unterschlagung, der Hehlerei oder des Betruges bereits zweimal bestraft ist, vorausgesetzt, daß seit Verbüßung der letzten Strafe zehn Jahre noch nicht verflossen sind.

**450**

Ohne Rücksicht auf die Höhe des zugefügten Schadens wird der Betrug mit Kerker von einem bis zu fünf Jahren bestraft, wenn er durch Vernichtung oder Zerstörung eines dem Täter gehörigen, versicherten Vermögensstückes begangen wird.

**451**

Übersteigt der Wert des zugefügten Schadens zwölftausend Forint, wird der Betrug mit Kerker von einem bis zu fünf Jahren bestraft.

**452**

Wenn jemand, wenn auch ohne betrügerische Absicht, einen andern durch listige Vorspiegelungen in Irrtum führt oder dessen Irrtum aufrechterhält, um ihn zur Gewährung oder Verlängerung eines Kredits zu bestimmen, wird die Handlung als Betrug betrachtet und mit Kerker bis zu einem Jahr bestraft.

**453**

Wer in der Absicht, sich oder einem Dritten einen Gewinn zu verschaffen, die Unerfahrenheit, den Leichtsinn oder die Bedrängnis eines Minderjährigen oder unter Kuratel Stehenden dazu mißbraucht, um diesen zur Unterzeichnung einer Urkunde zu bewegen, durch die derselbe zu seinem eigenen empfindlichen Nachteil vermögensrechtliche Verpflichtungen übernimmt, über ein Recht verfügt oder einen andern von einer vermögensrechtlichen Verbindlichkeit ganz oder teilweise befreit — begeht einen Betrug und wird nach den in den Punkten 448, 449 und 451 getroffenen Unterscheidungen bestraft.

**454**

Wird ein Betrug gegen die in Punkt 432 Abs. 1 bezeichneten Personen begangen, tritt das Strafverfahren nur auf Antrag des Verletzten ein.

## Erpressung

**455**

Wer einen andern durch Gewalt oder durch Drohungen zu einer Handlung, Duldung oder Unterlassung zwingt, um sich oder einem Dritten rechtswidrig einen Vermögensvorteil zu verschaffen, begeht — sofern die Handlung nicht schwerer zu bestrafen ist — das Verbrechen der Erpressung und wird mit Kerker von sechs Monaten bis zu drei Jahren bestraft.

**456**

Wer einen andern mit der Veröffentlichung verleumderischer oder beleidigender Behauptungen in einem Druckwerk bedroht, um sich oder einem Dritten einen Vermögensvorteil zu verschaffen, begeht das Verbrechen der Erpressung und wird gem. Punkt 455 bestraft.

**457**

(1) Die Erpressung wird mit Kerker von einem bis zu fünf Jahren bestraft, wenn:

a) der Erpresser mit Mord, schwerer Körperverletzung, Brandstiftung oder einer anderen schweren Vermögensschädigung droht;
b) wenn die Handlung unter Vorspiegelung einer amtlichen Eigenschaft oder einer behördlichen Verfügung begangen wird;
c) die Erpressung gegen die gleiche Person fortgesetzt begangen wird;
d) die Erpressung durch einen Rückfälligen begangen wird.

(2) Rückfälliger ist für die Anwendung dieses Punktes, wer wegen der Verbrechen des Diebstahls, des Raubes, der Erpressung, der Unterschlagung, der Hehlerei oder des Betruges bereits zweimal bestraft ist, vorausgesetzt, daß seit der Verbüßung der letzten Strafe zehn Jahre noch nicht verstrichen sind.

## Rechtswidrige Eigenmacht

**458**[1])

(1) Wer einen anderen durch Gewalt oder durch Drohungen mit schweren Nachteilen zu einer Handlung, Duldung oder Unterlassung zwingt, um einem rechtmäßigen oder als rechtmäßig angenommenen Vermögensanspruch Geltung zu verschaffen, begeht das Verbrechen der rechtswidrigen Eigenmacht und wird mit Kerker bis zu einem Jahr bestraft.

(2) Das Strafverfahren tritt nur auf Antrag ein.

(3) Wenn die Anwendung von Gewalt oder das In-Aussicht-stellen eines Nachteils ein erlaubtes Mittel der Geltendmachung des Anspruchs ist, liegt kein Fall dieses Punktes vor.

## Hehlerei

**459**

(1) Wer Sachen, von denen er weiß, daß sie durch das Verbrechen des Diebstahls, der Unterschlagung, des Raubes, der Erpressung oder des Betrugs in die Hände ihres Besitzers oder Inhabers gelangt sind, um eines Vermögensvorteils willen erwirbt, verbirgt oder bei ihrer Veräußerung mitwirkt, begeht das Verbrechen der Hehlerei und wird mit Kerker von sechs Monaten bis zu fünf Jahren bestraft.

(2) Ist aber die Sache durch das Verbrechen der widerrechtlichen Aneignung oder durch einen Diebstahl, eine Erpressung, eine Unterschlagung oder einen Betrug in die Hände ihres Besitzers oder Inhabers gelangt, deren Strafe Kerker von drei Jahren nicht übersteigt:
ist die Hehlerei mit Kerker bis zu zwei Jahren zu bestrafen.

**460**

(1) Die Hehlerei wird mit Kerker von sechs Monaten bis zu fünf Jahren bestraft, wenn sie durch einen Rückfälligen begangen wird.

---

[1]) § 31 des XLVIII. Gesetzes vom Jahre 1948.

(2) Rückfälliger ist für die Anwendung dieses Punktes, wer wegen eines Verbrechens des Diebstahls, des Raubes, der Erpressung, der Unterschlagung, der Hehlerei oder des Betrugs bereits zweimal bestraft ist, vorausgesetzt, daß seit der Verbüßung der letzten Strafe zehn Jahre noch nicht verflossen sind.

**461**

Bedroht das Gesetz den Täter eines Verbrechens mit einer schwereren Strafe als Kerker von zehn Jahren und war dem Hehler bei Begehung der Hehlerei jener Umstand bekannt, der die bezeichnete schwerere Strafe nach sich zieht, oder betreibt der Hehler die Hehlerei gewerbsmäßig, wird er mit Kerker von einem bis zu fünf Jahren bestraft.

**462**[1])

## Privaturkundenfälschung

**463**

Wer eine falsche Privaturkunde herstellt oder herstellen läßt, eine Privaturkunde ganz oder teilweise verfälscht oder verfälschen läßt und eine solche Urkunde dazu benützt, um den Bestand, das Erlöschen oder die Veränderung einer Forderung oder eines Rechts zu beweisen, macht sich der Fälschung einer Privaturkunde schuldig.

**464**

(1) Die Fälschung von Privaturkunden wird mit Kerker bis zu einem Jahr bestraft, wenn sich die Urkunde auf den Beweis des Bestandes, des Erlöschens oder der Veränderung von Verbindlichkeiten und Rechten bezieht, deren Wert dreihundert Forint nicht übersteigt.

(2) Übersteigt jedoch der Wert der Verbindlichkeit, auf die sich die falsche oder gefälschte Urkunde bezieht, dreihundert Forint, wird die Fälschung mit Kerker von sechs Monaten bis zu drei Jahren bestraft.

**465**

Mit Kerker von einem bis zu fünf Jahren wird die Fälschung von Privaturkunden bestraft, wenn:

a) sie durch Herstellung eines falschen Wechsels oder durch Fälschung eines echten Wechsels begangen wird;
b) kaufmännische oder Handelsbücher gefälscht werden, denen das Gesetz unbedingte oder bedingte Beweiskraft verleiht;
c) kaufmännische Anweisungen, Sparkassenbücher, Lagerscheine, Frachtempfangscheine, Ladescheine oder andere im öffentlichen Verkehr befindliche Wertpapiere — sofern diese nicht dem Papiergeld gleichgeachtet werden (Punkt 288) — gefälscht werden;
d) der Wert des Rechtes oder der Verbindlichkeit, auf die sich die Fälschung bezieht, zwölftausend Forint übersteigt.

**466**

Wegen Fälschung öffentlicher Urkunden wird nach den in den Punkten 464—465 getroffenen Unterscheidungen bestraft, wer ein mit der Namensunterschrift eines andern versehenes unausgefülltes Papier ohne Ein-

[1]) Außer Kraft gesetzt durch § 10 der gk. VO Nr. 16 vom Jahre 1956.

willigung des Unterzeichneten oder wissentlich den getroffenen Verabredungen zuwider ausfüllt und dazu benützt, um gegen den Unterzeichneten den Bestand, das Erlöschen oder die Veränderung einer Verbindlichkeit oder eines Rechtes zu beweisen.

**467**

Unter die Bestimmungen des Punktes 466 fällt auch, wer eine von andern hergestellte falsche oder gefälschte Privaturkunde in Kenntnis dieses Umstandes, benützt.

**468**

Wegen des Verbrechens der Privaturkundenfälschung wird mit Kerker bis zu zwei Jahren bestraft, wer eine Privaturkunde, die ihm überhaupt nicht oder nicht ausschließlich gehört, in der Absicht, einem anderen einen Schaden zuzufügen, wiederrechtlich vernichtet, beschädigt oder unterdrückt.

## Grenzverrückung

**469**

Wer einen zur Bezeichnung der Grenze dienenden Grenzstein oder zur Bezeichnung der Grenze dienendes Zeichen oder einen andern Gegenstand, in der Absicht zu schädigen, vernichtet, aushebt oder an einen andern Ort versetzt, begeht ein Verbrechen und wird mit Kerker bis zu drei Jahren bestraft.

## Schutzmarkenunfug

**470[1])**

(1) Wer eine Ware, die unbefugt mit einer Schutzmarke versehen ist, die ausschließlich einer andern gebührt, wissentlich im Umsatz bringt oder verkauft;

oder wer eine Schutzmarke in dieser Absicht nachahmt, begeht — soweit nicht eine schwerer zu bestrafende Handlung vorliegt — ein Verbrechen und wird mit Kerker bis zu sechs Monaten bestraft.

(2) Die Vorschriften dieses Punktes sind auch gegen denjenigen anzuwenden, der mit dem Namen, der Firma, dem Wappen oder der Geschäftsbenennung eines inländischen Erzeugers, Handwerkers oder Kaufmannes unbefugt bezeichnete Waren,

wissentlich im Umsatz bringt oder verkauft, und ferner gegen denjenigen, der die genannten Zeichen mit dieser Absicht wissentlich herstellt.

## Untreue

**471**

(1) Wer mit der Verwaltung, Kuratel oder Aufsicht über fremdes Vermögen betraut ist und in dieser Eigenschaft demjenigen, dessen Interessen zu fördern seine Pflicht ist, mit Wissen und Willen einen Vermögensnachteil zufügt, begeht das Verbrechen der Untreue, und wird mit Kerker bis zu drei Jahren bestraft.

(2) Das Strafverfahren tritt nur auf Antrag des Verletzten ein.

---

1) § 7 des XXII. Gesetzes vom Jahre 1921.

**472**

Wird das Verbrechen der Untreue durch Vormünder, Kuratoren, Sperre-, Maße- oder Stiftungsverwalter, Testamentsvollstrecker, durch die Mitglieder der Direktion oder des Aufsichtsrates einer Aktiengesellschaft oder einer Genossenschaft oder sonstigen Personen, die behördlich mit der Verwaltung fremden Vermögens betraut oder dazu ermächtigt sind, im Bereich ihres Berufes oder ihrer Betrauung begangen, wird das Strafverfahren von Amts wegen eingeleitet.

**473**

Die Untreue wird mit Kerker von sechs Monaten bis zu fünf Jahren bestraft, wenn sie der Täter zu dem Zweck begeht, sich oder einem Dritten rechtswidrig einen Vermögensvorteil zu verschaffen.

### Sachbeschädigung

**474**

(1) Wer eine fremde bewegliche Sache vorsätzlich und widerrechtlich beschädigt oder zerstört, begeht ein Verbrechen und wird mit Kerker bis zu drei Jahren bestraft.

(2) Das Strafverfahren tritt nur auf Antrag des Verletzten ein.

**475**

Die Handlung wird mit Kerker von einem bis zu drei Jahren bestraft, wenn sie an Vermögensstücken von Zeugen, Sachverständigen oder öffentlichen Beamten aus Rache wegen deren Aussagen, Gutachten oder amtlichen Handlungen begangen wird.

**476**

Nach der Anordnung des Punktes 474 wird auch bestraft, wer zum Gottesdienst dienende Gebäude oder Gegenstände, Gräber oder Grabmäler, öffentliche Denkmäler, in öffentlichen Bibliotheken aufbewahrte Bücher und Handschriften, im Interesse der Wissenschaft, der Kunst oder des Gewerbes in öffentlichen Sammlungen aufbewahrte Gegenstände, endlich in öffentlichen oder amtlichen Archiven aufbewahrte Schriftstücke, Urkunden oder andere Gegenstände widerrechtlich beschädigt, zerstört oder vernichtet.

**477**

(1) Wer sich widerrechtlich in den Besitz einer einem anderen gehörigen unbeweglichen Sache setzt oder diese vorsätzlich beschädigt oder die von der Erde noch nicht abgetrennten Erzeugnisse verbraucht, begeht — sofern nicht eine schwerer zu bestrafende Handlung vorliegt und der Schaden einen Wert von dreißig Forint übersteigt — ein Verbrechen und wird mit Kerker bis zu drei Monaten bestraft.

(2) Das Strafverfahren tritt nur auf Antrag des Beschädigten ein.

**478**[1])

---

1) Enthielt die Übertretung enthalten in § 127 des XL. Gesetzes vom Jahre 1879, die durch den § 10 der gk. VO Nr. 16 vom Jahre 1956 außer Kraft gesetzt wurde.

## Wucher[1])

**479**

(1) Wer sich oder einem Dritten einen Vermögensvorteil durch einen Wuchervertrag (§ 1 des VI. Gesetzes vom Jahre 1932), in dem die vorgestreckte Leistung Geld oder anderes bewegliches Gut ist, ausbedingt oder verschafft,

macht sich des Verbrechens des Wuchers schuldig und wird mit Kerker bis zu einem Jahr bestraft.

(2) Die in Abs. 1 bezeichnete Handlung wird mit Kerker von sechs Monaten bis zu drei Jahren bestraft, wenn der Täter sich gewerbsmäßig mit Wucherverträgen (§ 1 des VI. Gesetzes vom Jahre 1932) befaßt oder wenn er den Vermögensvorteil des Wuchers in der Form eines Scheingeschäfts, eines Wechsels, einer notariellen Urkunde, einer früheren gerichtlichen Entscheidung oder eines früheren gerichtlichen Vergleichs versteckt, ausbedingt.

(3) Außerdem kann der Verurteilte aus der Gemeinde, in der er den Wucher begangen hat, unter Umständen aus dem Gebiet des ganzen Komitats, sogar auch aus dem Bereich der benachbarten Komitate, unter Anwendung der §§ 43 und 44 StGBA, ausgewiesen werden.

(4) Wenn der Verurteilte den Wucher in Zusammenhang oder im Rahmen seines Geschäftes begangen hat, kann — unter Anwendung der §§ 43 und 44 StGBA — auf die Untersagung der Berufsausübung erkannt werden.

**480**

Die in Punkt 479 festgesetzte Strafe ist auch auf denjenigen anzuwenden, der in Kenntnis des Sachverhalts eine in Punkt 479 bezeichnete Forderung erwirbt, sie selbst geltend macht, auf einen andern überträgt oder sich dafür eine Sicherung verschafft.

**481**

Wer die Erfüllung der aus dem Wuchervertrag (§ 1 des VI. Gesetzes vom Jahre 1932) entspringenden Verpflichtung sich oder zugunsten eines Dritten von einem Minderjährigen oder einer unter Kuratel stehenden Person oder sonst jemanden unter Umständen versprechen läßt, die geeignet sind, den Verpflichteten einem strafrechtlichen Verfahren auszusetzen, und von einer solchen Sicherung der Erfüllung gegen den Verpflichteten auf irgendeine Art Gebrauch macht,

begeht ein Verbrechen und wird — soweit nicht eine schwerer zu bestrafende Handlung, insbesondere die in Punkt 479 bezeichnete, vorliegt — mit Geldstrafe belegt.

**482**

Die in Punkt 481 festgesetzte Strafe ist auch gegen denjenigen anzuwenden, der in Kenntnis des Sachverhalts eine in Punkt 481 bezeichnete Forderung erwirbt, sie selbst geltend macht, auf einen anderen überträgt oder sich dafür eine Sicherung verschafft.

## Benachteiligung der Gläubiger[2])

**483**

Der Schuldner, der sein dem Befriedigungsfond dienendes Vermögen in Wirklichkeit oder zum Schein widerrechtlich vermindert oder seinem

---

[1]) Die Punkte 479—481 enthalten die §§ 5—8 des VI. Gesetzes vom Jahre 1932.
[2]) Die Punkte 483—491 enthalten die §§ 1—9 des IX. Gesetzes vom Jahre 1932.

Gläubiger unzugänglich macht und somit die Befriedigung eines oder mehrerer Gläubiger vorsätzlich vereitelt oder verkürzt, begeht ein Verbrechen und wird mit Kerker von sechs Monaten bis zu drei Jahren bestraft.

**484**

Die in Punkt 483 bezeichnete Handlung wird mit Kerker von einem bis zu fünf Jahren bestraft, wenn sie eine schwere Schädigung einer größeren Anzahl von Einleger eines Geldinstitutes oder mehreren Afterunternehmern eines Hauptunternehmers verursacht hat und der Täter diesen Umstand voraussehen konnte.

**485**

(1) Der Schuldner, der durch seine offenbare Verschwendung oder sein in großem Maße nachlässiges oder in großem Maße leichtsinniges Geschäftsgebaren, bzw. seine Wirtschaftsführung zahlungsunfähig wurde und somit die Befriedigung eines oder mehrerer Gläubiger fahrlässig vereitelt oder verkürzt, begeht ein Verbrechen und wird mit Kerker bis zu einem Jahr bestraft.

(2) Ein Kaufmann führt besonders dann sein Geschäft in großem Maße nachlässig, bzw. in großem Maße leichtsinnig, wenn er seine Zahlungsunfähigkeit den Behörden oder seinen Gläubigern nicht rechtzeitig gemeldet hat, wenn er sein Geschäftskapital in Börsenmanövern, außerhalb seines ordentlichen Geschäftsbereichs oder in gewagten Geschäften aufs Spiel setzt, ferner wenn er — obwohl nach den Rechtsvorschriften zu einer seine Geschäfte und Vermögenslage ausweisenden Buch- bzw. Bilanzführung verpflichtet — keine Bücher führt, bzw. Bilanz angefertigt hat oder seine Buchführung, bzw. seine Bilanz, Korrespondenz und sein Inventar nicht aufbewahrt oder so geführt hat, daß hieraus seine Geschäfte und Vermögenslage nicht festzustellen sind.

(3) Das Strafverfahren kann wegen einer in diesem Punkt bezeichneten Handlung nur auf Antrag eingeleitet werden. Zur Antragstellung ist die nach dem Kapitalbetrag ihrer Forderung ausgewiesene Mehrheit der Gläubiger berechtigt.

(4) Der Antrag kann, wenn der Schuldner mit seinen Gläubigern ein Vergleichsverfahren in Gang gesetzt hat, auch nach Ablauf der in § 22 StGBA festgesetzten Frist, solange gestellt werden, bis das Vergleichsverfahren anhängig ist oder der Schuldner seine in einem Privat- oder Zwangsvergleich angenommenen Verpflichtungen nicht erfüllt hat.

**486**

(1) Die in Punkt 485 bezeichnete Handlung wird mit Kerker bis zu drei Jahren bestraft, wenn der in Punkt 484 bezeichnete Erfolg eingetreten ist.

(2) Das Strafverfahren ist von Amts wegen einzuleiten.

**487**

Für die Anwendung der Punkte 483—486 ist es gleichgültig, ob gegen den Schuldner der Konkurs, das Zwangsvergleichsverfahren außerhalb des Konkurses oder das Zwangsliquidationsverfahren eingeleitet wurde oder nicht.

**488**

Ist der Schuldner eine Vereinigung oder eine Handelsgesellschaft, trifft die Verantwortung wegen der in den Punkten 483—486 bezeichneten Verbrechen die Personen, die, mit der Verwaltung des Vermögens bzw. der Geschäftsführung oder der Geschäftsverwaltung beauftragt, die Handlung begangen haben.

**489**

Wird das in den Punkten 483—486 bezeichnete Verbrechen nicht durch den Schuldner, sondern durch eine Person begangen, die auf Grund einer Betrauung oder eines anderen Rechtsverhältnisses über das Vermögen oder einen Teil davon, verfügt, ist diese so zu bestrafen, wie wenn sie der Schuldner wäre.

**490**

Der Gläubiger, der für sich selbst oder einen andern Geschenke oder einen andern Vorteil annimmt, um während des Konkurs- oder des Zwangsvergleichsverfahren außerhalb des Konkurses oder des Zwangsliquidationsverfahrens, irgendeiner Beschlußfassung der Gläubiger zuzustimmen oder nicht zuzustimmen, der Stimmabgabe sich zu enthalten, ein Rechtsmittel einzulegen oder davon Abstand zu nehmen,

begeht ein Verbrechen und wird mit Kerker bis zu zwei Jahren bestraft.

**491**

Wer während des Konkursverfahrens oder des Zwangsvergleichsverfahrens außerhalb des Konkurses oder während des Zwangsliquidationsverfahrens wissentlich eine erdichtete oder nicht bestehende Forderung geltend macht,

begeht ein Verbrechen und wird — soweit nicht eine schwerer zu bestrafende Handlung vorliegt — mit Kerker von drei Jahren bestraft.

## Strafhandlungen des Vermögensverwalters

**492**[1])

(1) Wer in einem Konkursverfahren, in einem Zwangsvergleichsverfahren außerhalb des Konkurses oder in einem Zwangsliquidationsverfahren mit der Verwaltung, Wartung, Aufsicht oder deren Kontrolle beauftragt wurde, und im Bereich seiner Betrauung — dem Gläubiger oder dem Schuldner — mit Wissen und Willen einen Vermögensnachteil zufügt,

begeht das Verbrechen der Untreue und wird nach den Vorschriften des Punktes 471 Abs. 1 sowie des Punktes 473 bestraft.

(2) Das Strafverfahren ist von Amts wegen einzuleiten.

## Versteigerungsmißbrauch

**493**

Wer auf Grund einer Verabredung durch das Versprechen der Aufteilung des Gewinns, einer anderen Belohnung oder eines Vorteils, zur Vereitelung oder Verminderung des Erfolgs einer öffentlichen Versteigerung handelt,

oder wer zu solchem Zweck einen Gewinnanteil, eine Belohnung oder einen Vorteil annimmt, wird mit Kerker bis zu zwei Monaten bestraft.

---

1) § 10 des IX. Gesetzes vom Jahre 1932.

# SECHSTER TEIL

## Die Gesellschaft oder das Eigentum der Staatsbürger verletzende einzelne Straftaten von geringerer Bedeutung

### XXII. KAPITEL

### Verbrechen des Diebstahls, der Unterschlagung oder der Beschädigung von Sachen, deren Wert zweihundert Forint nicht übersteigt. — Verbrechen des widerrechtlichen Erwerbs, der Veräußerung und der Aneignung einer Sache[1])

**494**

(1) Wer aus dem gesellschaftlichen Eigentum, bzw. dem Eigentum der Staatsbürger eine Sache, deren Wert zweihundert Forint nicht übersteigt, entwendet, unterschlägt, sowie wer durch die Beschädigung einer fremden unbeweglichen oder beweglichen Sache einen Schaden nicht über zweihundert Forint verursacht,

begeht eine Regelverletzung gegen das Eigentum und wird mit einer Geldbuße bis zu tausend Forint bestraft.

(2) Die in Abs. 1 bezeichnete Handlung ist ein Verbrechen, wenn sie:

a) durch Einbruch, Einsteigen oder Einschleichen in ein Gebäude oder in eine Wohnung;

b) durch Anwendung von falschen oder gestohlenen Schlüsseln oder durch Taschendiebstahl;

c) an einer in einen Zustand der Bewußtlosigkeit oder Wehrlosigkeit versetzten oder mit dem Verüber in derselben Wohnung wohnenden Person;

d) am Schauplatze einer Feuers- oder Wassernot oder einer ähnlichen öffentlichen Bedrängnis oder in der Nähe dieses Schauplatzes;

e) hinsichtlich eines dem Hochwasserschutz dienenden Vorrichtungs- oder Ausrüstungsgegenstandes,

begangen wird.

(3) Die Strafe der in Abs. 2 bezeichneten Handlungen ist Kerker bis zu einem Jahr.

**495**

(1) Wegen der Regelverletzung des widerrechtlichen Erwerbs einer Sache kann mit einer Geldbuße bis zu tausend Forint bestraft werden, wer eine Sache erwirbt, von der ihm bekannt ist, daß sie in die Hände des Besitzers durch eine Regelverletzung gegen das Eigentum (Punkt 494 Abs. 1) oder durch die Regelverletzung der widerrechtlichen Aneignung (Punkt 496) gelangt ist.

(2) Wegen der Regelverletzung des widerrechtlichen Erwerbs kann auch mit einer Geldbuße bis zu tausend Forint belegt werden, wer eine Sache erwirbt, von der er vermuten konnte, daß sie infolge einer Vermögensstraftat in die Hände ihres Besitzers gelangt ist.

(3) Wegen der Regelverletzung der widerrechtlichen Veräußerung einer Sache kann mit einer Geldbuße bis zu tausend Forint bestraft werden, wer bei der Veräußerung oder der Weitergabe einer Sache mitwirkt:

---

[1]) Die Punkte 494—498 enthalten die §§ 2—4, 8 und 9 Abs. 1 und 5 der gk. VO Nr. 16 vom Jahre 1956.

a) von der ihm bekannt war, daß sie infolge einer Regelverletzung gegen das Eigentum oder infolge der Regelverletzung der widerrechtlichen Aneignung in die Hände ihres Besitzers gelangt ist (Punkt 495 Abs. 1);
b) von der er vermuten konnte, daß sie infolge einer Straftat gegen das Vermögen in die Hände ihres Besitzers gelangt ist (Punkt 495 Abs. 2).

**496**

Wegen der Regelverletzungen der widerrechtlichen Aneignung einer Sache kann mit einer Geldbuße bis zu fünfhundert Forint bestraft werden, wer:
a) eine fremde Sache, deren Wert zweihundert Forint nicht übersteigt, findet und sie nicht innerhalb von acht Tagen der Behörde oder dem, der sie verloren hat, übergibt;
b) eine einem andern gehörige, durch Zufall oder Irrtum in seinen Gewahrsam gelangte, fremde Sache, deren Wert zweihundert Forint nicht übersteigt, sich rechtswidrig aneignet oder damit rechtswidrig als seinem Eigentum verfügt;
c) seine eigene Sache, deren Wert zweihundert Forint nicht übersteigt, von demjenigen, der sie zu besitzen oder zu gebrauchen berechtigt ist, wegnimmt. Diese Vorschrift ist auch für den Fall anzuwenden, daß die Sache mit der Zustimmung des Eigentümers oder für ihn durch einen Dritten weggenommen wird.

**497**

Wenn mehrere in den Punkten 494 und 496 bezeichnete Regelverletzungen gemeinsam beurteilt werden, wird bei der Entscheidung über die Wertgrenze des Regelverletzungsverfahrens der Schaden, der durch die einzelnen Handlungen verursacht wurde, einbezogen.

**498**

(1) Die in Punkt 494 Abs. 1 sowie die in den Punkten 495—496 bezeichneten Handlungen bilden ein Verbrechen, wenn der Verüber wegen einer Vermögensstraftat früher bereits verurteilt wurde und seit der Verbüßung der Strafe ein Jahr noch nicht verstrichen ist,

oder wenn gegen den Verüber der Regelverletzungsausschuß innerhalb eines Jahres auf Geldbuße erkannt hat.

(2) Das in Abs. 1 bezeichnete Verbrechen wird mit Kerker bis zu einem Jahr bestraft.

FSC
www.fsc.org
MIX
Papier | Fördert
gute Waldnutzung
FSC® C083411

Kolibri 360 GmbH
Ferdinand-Jühlke-Straße 7
99095 Erfurt, Deutschland
produktsicherheit@kolibri360.de